超合法建築図鑑

吉村靖孝 編著　彰国社

アートディレクション・装幀　good design company

超合法建築図鑑

吉村靖孝

　今回、これまで「デ・コード」という名前で継続してきた研究活動を1冊の書籍にまとめることになりました。「デ・コード」は、2002年に乃木坂のギャラリー・間で開催された「この先の建築」展という展覧会に向け、その数ヵ月前からはじまった研究です。当時僕は、それまで2年間働いたオランダを離れ帰国したばかりで、作品と呼べるような実績は何もない状態でしたから、ならば帰国直後の浮き足立った眼力だけが逆に頼りとばかりに、ともかくまずは東京を歩いてみることにしたのです。そんなフィールドワークの成果が展示物ですから、居並ぶ強者の建築家達が自作を披露する脇で、僕だけなぜか他人様の設計した建物を展示するという大変奇妙なことになってしまいました。しかし少なくとも僕自身が、東京に戻ってきて設計活動をはじめるのだということを心底実感できたのは、この瞬間でした。

　実際に展示したものは、法規をかたくなに遵守したおかげで逆に周囲から浮いてしまったような建築物のコレクションです。僕はそれらの建築を、違法でも脱法でもない合法中の合法という意味で「超合法建築」と呼ぶことにしました。方々歩いてそういった建物を見つけ、写真を撮って、そこにどんな法規がかかっているのかわかるよう補助線を書き込み、ケースに入れて展示台に組み込みました。つまり『超合法建築図鑑』の体裁はこの展覧会のときにはほぼできあがっていたことになります。当時から当然書籍にすべきと、根拠のない確信はありましたが、いつのまにやら4年の月日が流れていました。

「この先の建築」展は直接的な起動要因であったにせよ、法規と街並みの関係を観察するようになった背景は、もう少し別のところにあったと言うべきかも知れません。2002年当時の僕は、帰国直後の人間が往々にしてそうであるように多くの外国人の東京案内を仰せつかっていて、彼らが口々に東京はカオスで見苦しいと言ったり、いやカオスだから美しいと言ったりするのに、正直辟易しはじめたところだったのです。それが美しいのか美しくないのかという結論を急ぐ前に、まずは現状をつぶさに見て、東京らしさがどうやって形成されたのか掘り下げてみるべきなのではないかという、我ながら至極まっとうな直感がどこからともなく忍び寄って来たのがその頃です。もちろん、観光に訪れる外国人にそれを望むのは酷ですから、すぐに結論を述べたがる彼らに対し、ひとこと「ちょっと待て」と言えるくらいの知識は仕込んでおかなければならない、そう思うようになっていました。しかし、何が東京の外観を決めているのか、すぐさまその原因を特定できたわけではありません。そのうえ、日々の仕事に忙殺されるなかで次第に東京のペースに慣れ、帰国時あれほど鋭く感じた違和感は刻一刻と薄れて行きます。とにかくすべてがおいしく感じられた日本の外食が、まあそんなものかという程度になって、次からはやっぱり外食は減らそうというところまで来て、もうそろそろだめかと思いはじめていた折りの展覧会への出品依頼でした。そこでもう1回奮起して街歩きをはじめた矢先、抜弁天を下る坂道に、「スフィンクス・ビル（No.07）」を見つけたのです。「スフィンクス・ビル」は、法規制に従いとても複雑にカットされた建物です。その斜面に気づいたときは、かなり衝撃的だったのを覚えています。しかし読者の方々には、それだけでほんとうに法規との関係を詮索するようになるのかどうか疑問でしょう。実際に僕も目の前を何度も通り過ぎていたにもかかわらず、その日までついぞ気づかずにいたのですから。でも、もうひとつの事情を白状しておくとその理由がはっきりするはずです。実は、当時僕は1級建築士試験の受験生だったのです。日本の1級建築士の資格を得るには、大学や大学院を出るか実務経験を積んだ後、計画、「法規」、施工、構造の4科目からなる学科試験と、実技試験に合格しなければならないのですが、海外生活もあって受験をほったらかしていた僕は、帰国後ようやく重い腰を上げ勉強しはじめたところだったのです。「スフィンクス・ビル」は、新宿区の高度地区による造形で、それは全国区の建築基準法を拠り所とする建築士試験には出題されないシルエットですから、それを見た瞬間、何の法規が関係しているのか猛烈に知りたくなった、というわけです。包み隠さず言ってしまえば、この研

究の起源は展覧会と、東京案内と、もうひとつ建築士の受験だったのです。どうせ勉強するならせめて楽しくやろうという計算があったことも否定しません。とまれ、めでたく展覧会は成功し、試験にも受かり、一石二鳥とあいなりました。

その後2003年には、東京理科大学の小嶋一浩研究室で卒論生を指導することになり、そのテーマを『デ・コード／法規を用いた都市と建築の解析』としました。展覧会のために急造された少人数によるフィールドワークにすぎなかった「デ・コード」は、そこで一気に肉付けされていくことになります。研究はフィールドワークにとどまらず、たとえば、法規によって出てきた形状から角度だけを拾い出して整理しています。すると、街中で1：1.25の角度を見つけたとき、その角度のページを繰れば参照すべき法令の条項がわかるという具合。同様に幅や階数など20の項目から条文を逆引きできるようにしました。論文の指導は2年間つづき、2年目には、具体的に法規をデザインのためのメソッドとして扱うことができるかどうか検証するため、建築的な操作になぞらえて分類してみることにしました。いずれにおいても、都市に身を置く人間として都市構造の解読（＝デコード）に興味はあるものの、他方、法規の使い手としては、この研究がある種のエクササイズになり街並みを再構築する手がかりにできるのではないかという期待がモチベーションになっていたことも事実です。時は遡りますが、たとえば、僕が大学院時代に夢想していた「羽田空港高層化計画」という架空のプロジェクトは、航空法の規制を利用して東京の更なる高密度化を模索するものでした。具体的には羽田空港を地上300mまで高層化する計画です。なぜ羽田を高層化すると東京を高密度化できるのか、その秘密は「中間シティ（No.75）」にも垣間見えます。東京の都心部には、羽田空港の滑走路から航空法によるすり鉢状の高さ制限がかかっており、品川の辺りでは140mを超えて建築することができません。東京の高層化を阻むのは、実は空港なのです。これを改善する方法は3つあります。ひとつは、空港の移転です。空港が郊外に移転すれば都心部を高層化することはできますが、都民は不便を強いられることになります。ふたつ目は、法規の改正です。しかし、この法は飛行機の構造と深く関係していますので、法改正の前には、急角度で離着陸できる機体の開発が済んでいなければなりません。3つ目が空港の高層化です。高さ制限は滑走路面の高さを起点とするため、滑走路を高くすれば、すり鉢全体を持ち上げることができます。たったひとつの建物を建て替えることで、東京全体の潜在的

な容積率を上昇させることができるという、針治療のような方法を模索していました。これもある意味では「超合法建築」だと言えるでしょう。「超合法建築」は、都市を解読するツールとして使えるだけでなく、より積極的に建築や都市のデザインに利用できるのではないか、そういう期待は今も持ちつづけています。

さて、今後の展望に一応の道筋をつけておく意味で、4年のデ・コーダー生活の末どんなことに気づくようになったかということに少し触れておきたいと思います。対象物件の数が増えてくると、同じタイポロジーに属する物件を採用不採用と選り分けていくことになるのですが、そうする過程で、次第に、地域的な「偏り」や、地形や道路との関係による「傾向」が読み取れるようになってくるのです。たとえば「長靴通り（No.77）」は、計画道路の対象地域でやがて道路になってしまう部分の建築が制限されることから、道路沿いに3階以下の仮設的なビルが建ち、背後に高いビルが聳える通りのことを指しています。本書で取り上げたのは青山の骨董通りですが、しかし実はほかにも、原宿近くの明治通りや、キャットストリートなど、にぎわう通りに「長靴通り」が多いことがわかります。にぎわっているから拡幅されるのか、拡幅が決まってできた低層部分がにぎわいをつくったのか、どちらが先なのかわからないような状態がそこには確かにあるのです。単に景観として良いか悪いかでは判断できないような価値が芽生えはじめているようです。基本的に全国一律で最低仕様の確保に努めているはずの法規が、しっかりと地域的な抑揚を生み出すトリガーになっているのは大変興味深いことです。

また地域といえば、海外には耳慣れない法も数多く存在しています。そもそものきっかけがそこにあったことも関係しているのでしょうが、この研究のことを面白がってくれる外国人はたくさんいて、なかには自国の風変わりな法規を紹介してくれるひともありました。たとえば、カナダのバンクーバーには「ビューコーン」と呼ばれる条例があり、市内の特定の箇所から、周囲の山々へ向けての視界を確保するためコーン状の高さ規制があるそうです。起点の多くは市内の名所で、逆に言えば山々からはそういった場所が見通せることになります。この法規などほとんど暗号的で、現場で読み解くのは大変難しく、街並みに直接寄与しているというよりは、むしろノイズとなっているにもかかわらず、実際のバンクーバーは世界有数の観光都市のひとつとして美しい街並みを維持しています。これもたいへん興味深いサンプルだと言えるのではないでしょうか。

繰り返しになりますが、一見ニュートラルを気取る「法規制」が、けっしてニュートラルとは言えない建築や場所を生み、また地域の個性を形成している事実は、ある意味ではとても痛快なことです。少し大げさかもしれませんが、もはや「法」は「人工的な自然」と言ってもいいような、建築にとっての重要な「環境」になっているのではないでしょうか。

　これらの研究活動や計画や展望をひっくるめてこれまで「デ・コード」と呼んできたわけですが、今回晴れて書籍になったのは、「デ・コード」のなかのサンプル収集にあたる部分です。サンプルのことを指す「超合法建築」をそのまま採用し、法規的な補助線を加えたイラストを並べて「図鑑」としました。77の「超合法建築」に登場してもらいましたが、それらは、その物件自体を指しているのではなく、類型のことを指しています。唯一無二の個体を祭り上げるのとは少し違って、ウサギとかキリンとかせいぜいニホンカワウソといった程度の「種」を示していると思ってもらえるとわかりやすいかもしれません。「図鑑」はアート・ディレクションをしてくれた水野学氏の発案ですが、「種」を見せたいこの本には実にしっくりとくるネーミングで大変気に入っています。そういうわけですから、巻末に一応地図は添付されているものの、これら77物件を探して東京散策するのはナンセンスなのかもしれません。もちろん、どう読まれるかはみなさんのご自由ですが、僕が期待するのはむしろ、本を読み終えたとき、いま自分が住んでいる部屋や家、暮らす街の印象ががらりと変わってしまうような経験のほうです。あるいは、掲載された物件よりもっと過激な超合法建築をご自分で探してみるなんてのはいかがでしょう？僕がはじめて法規を意識して街を見たときの、まるで眼鏡を掛け替えた瞬間のような驚きをもしみなさんと共有できるならば、それはたいへん嬉しいことだと思っています。

超合法建築図鑑　目次

分類	番号	事例	頁
彫刻系	01	斜線カテドラル	p10
	02	見上げ看板	p12
	03	斜線渓谷	p14
	04	セットバック・ゲットバック	p16
	05	雪崩ビル	p18
	06	岩山ビル	p20
	07	スフィンクス・ビル	p22
	08	マウンテン・パーク	p24
	09	面取りビル	p26
	10	親子すみ切り	p28
	11	タバタニック	p30
ファサード系	12	複眼バルコニー	p32
	13	ラジエーター・オフィス	p34
	14	ボーダー・アパートメント	p36
	15	階段ファサード	p38
	16	ランダム・ウィンドウ	p40
	17	バブル・ウィンドウ	p42
	18	とうふ	p44
	19	エスカレーター・ファサード	p46
浮遊系	20	ピロティ・ハウス	p48
	21	2こ1	p50
	22	2+1階建て	p52
	23	三重橋	p54
浮遊系	24	道上駅	p56
	25	川上駅	p58
	26	車道橋	p60
	27	船形屋	p62
	28	ハンバーガー・ビル	p64
	29	凸凹アーケード	p66
	30	柳看板	p68
	31	マフラー・アパート	p70
リボン系	32	グローブ階段	p72
	33	避難すべり台	p74
	34	ウェーブ・パーキング	p76
	35	シマウマ・パーキング	p78
	36	階段広場	p80
	37	階段マンション	p82
突出系	38	キャンチ・ポーチ	p84
	39	ピノキオ・バルコニー	p86
	40	出目金窓	p88

分類	番号	事例	頁
突出系	41	出窓壁	p90
	42	通せんぼう	p92
	43	アサガオ	p94
	44	銀座2.0	p96
	45	発射台ホテル	p98
	46	パークサイド・ホテル	p100
	47	極太タワー	p102
冠系	48	フィギュア・ビル	p104
	49	冠看板	p106
	50	ボトル・ビル	p108
	51	まげビル	p110
	52	ユニコーン・ビル	p112
	53	天窓天国	p114
	54	屋上遊園地	p116
	55	キリン・ビル	p118
	56	ボディ・ビル	p120
カムフラージュ系	57	誘導ブロック・パッチワーク	p122
	58	目隠し看板	p124
	59	屋上パッド	p126
	60	小顔ビル	p128

分類	番号	事例	頁
カムフラージュ系	61	バーコード・ビル	p130
	62	1/2階	p132
	63	4/2階建て	p134
	64	ロード・パーク	p136
	65	不滅路地	p138
ペイント系	66	赤モノリス	p140
	67	紅白観覧車	p142
	68	紅一点鉄塔	p144
	69	エンパイア・ステート・アンテナ	p146
	70	ノコ通り	p148
	71	クレヨン通り	p150
集合系	72	まっぷたつビル	p152
	73	パラサイト・ビル	p154
	74	玄関ハウス	p156
	75	中間シティ	p158
	76	あひる通り	p160
	77	長靴通り	p162
		超合法建築図鑑	p03
		用語解説	p164
		地図	p167

	setback cathedral
01	斜線カテドラル

建築物は前面道路の反対側の境界線から一定の角度で高さの制限を受けます。その角度自体は、1919年の市街地規制法から変更されていないため、すでに風景として定着したと言えるでしょう。写真では街区の全体が同じように規制を受け、まるでゴシックの尖塔のように切り立つ街並みが出現しています。

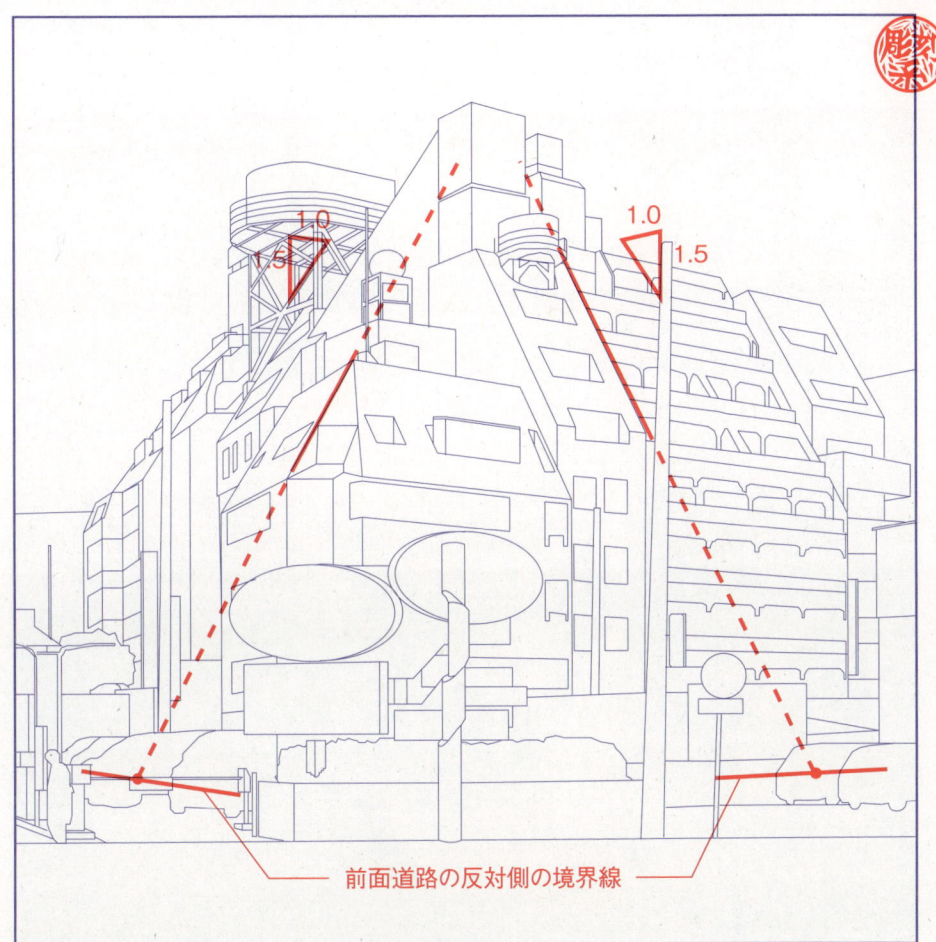

前面道路の反対側の境界線

主 用 途	ホテル、オフィスビルなど
用 途 地 区	商業地域
住 　 　 所	東京都文京区
法 参 照	法第56条第1項第一号、法別表第3
法 解 説	道路および道路を挟んで反対側の敷地への採光・通風を確保し、閉塞感を緩和するために、通称「道路斜線」と呼ばれる高さの制限が設定されています。前面道路の反対側から住居系地域では1:1.25、それ以外では1:1.5の角度で引かれた斜線を超えないように建てなければなりません。

超合法建築図鑑

looking-up billboard

02　見上げ看板

道路斜線によってできた斜面は、地上にいるとなかなか見ることができません。しかし道路が屈曲する地点では、建物の前方がひらけて斜面が姿を現します。入り隅では前面道路の幅員の延長線上から斜線制限を受けるためです。写真はその斜面を看板の設置場所として利用した例。正面の建物の高層階からならばよく見えるのかもしれません。

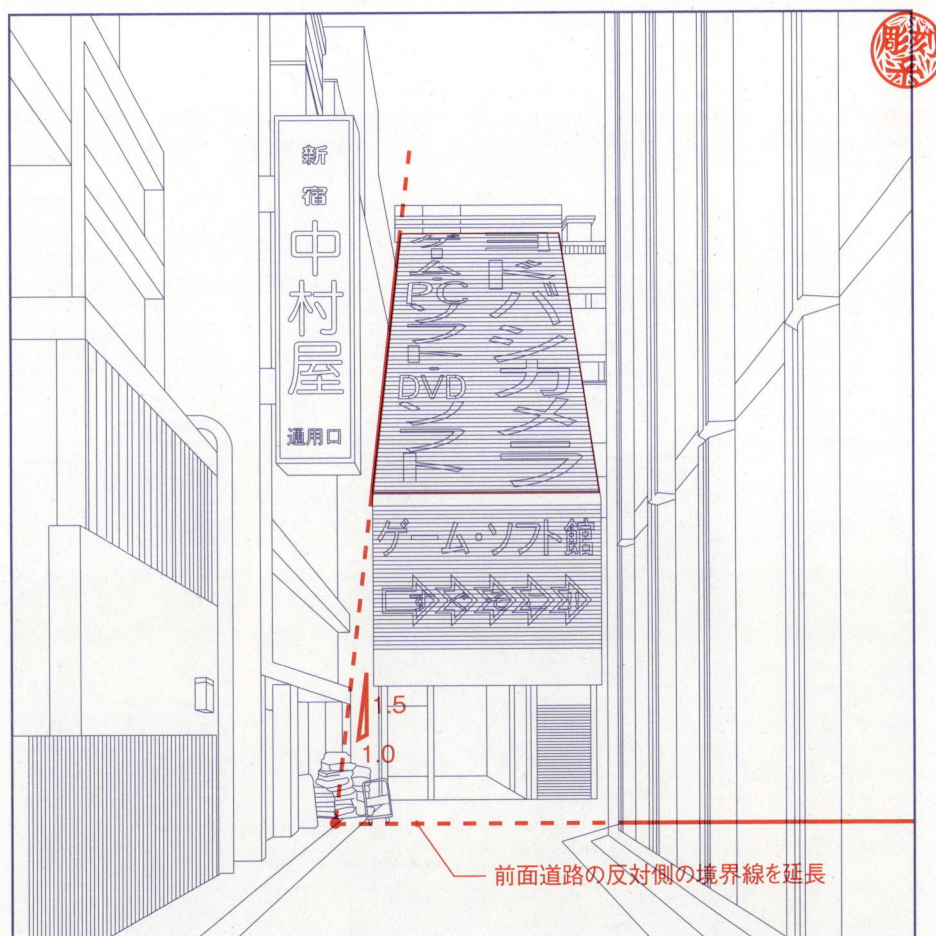

主 用 途	看板
用途地区	商業地域
住　　所	東京都新宿区
法 参 照	法第56条第1項第一号
法 解 説	特定行政庁によって扱いに差があるものの、一般的には、道路の突き当たりや屈曲部分であっても道路斜線の制限を受けます。敷地に突き当たる道路の幅が前面道路よりも広い場合、前面道路を広いものとみなして緩和されることも多いようです。

setback valley

03 斜線渓谷

道路が狭く容積率の設定が高い地域で、しかも土地の値段が高い場合には、道路斜線制限ギリギリまで容積を稼ぐのがセオリー。道路との境界線から後退して建てた場合には緩和の規定があるため、建物によって少しずつ斜面の位置が違いますが、それがまたいっそう天然の渓谷を想わせます。

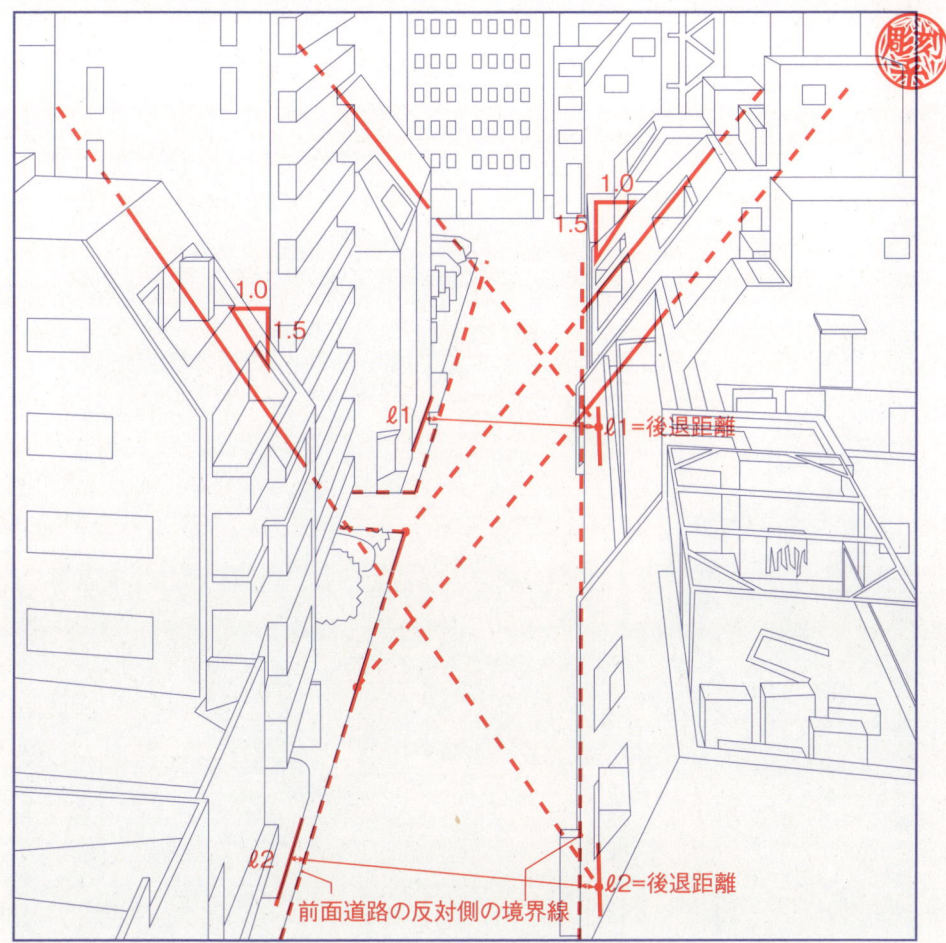

主 用 途	オフィスビル、テナントビルなど
用途地区	商業地域
住　　所	東京都中央区
法 参 照	法第56条第2項
法 解 説	前面道路から後退して建物を建てた場合には、後退した分と同じだけ、道路の反対側の境界線を遠くにみなして斜線制限を受けることになります。すなわち、大きく後退すればするだけ斜線制限による斜面を高くできます。道路斜線は建物の位置に関係する相対的な制限と言うことができます。

04	setback getback
	セットバック・ゲットバック

前面道路との境界線から後退して建築した場合に道路斜線の緩和が受けられるようになったのは昭和62年11月施行の改正からです。写真はそれ以前に建てられた建物で、後退が十分に大きかったため、改築によって緩和分を継ぎ足すことができました。

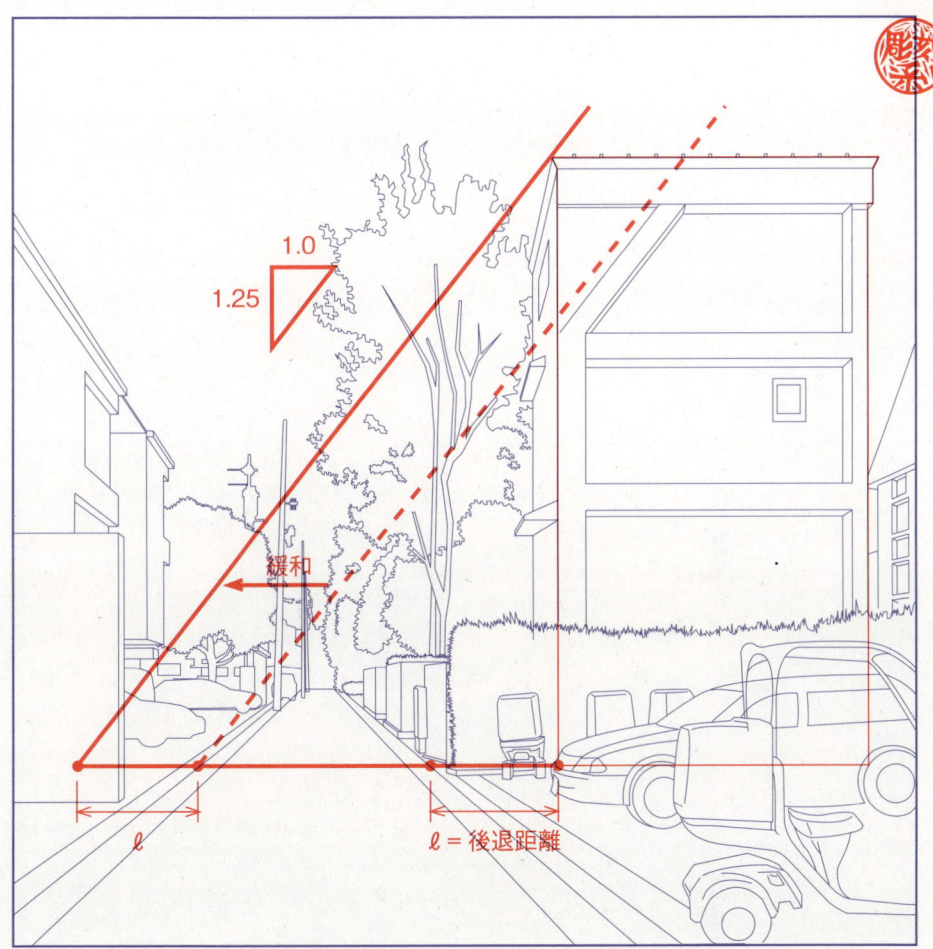

主 用 途	アパート
用途地区	第二種住居地域
住　　所	東京都渋谷区
法 参 照	法第56条第2項
法 解 説	前面道路からの後退距離に応じて緩和できるようになる以前は、道路幅が一定である限り、規定斜面は一定であったことになります。改正以降は後退すれば斜面のないデザインも可能になったことを実に簡潔に伝えてくれます。

snowslide building

05　雪崩ビル

幅の異なる2本の道路に面している場合、建物はそれぞれの道から高さの異なった制限を受けることになります。ただし、狭い側の一部分は広い側の道路幅員があるものとみなすことができます。みなせる部分とみなせない部分の境界に段差ができ、まるで一部分が崩れ落ちたような造形を生み出すことになりました。

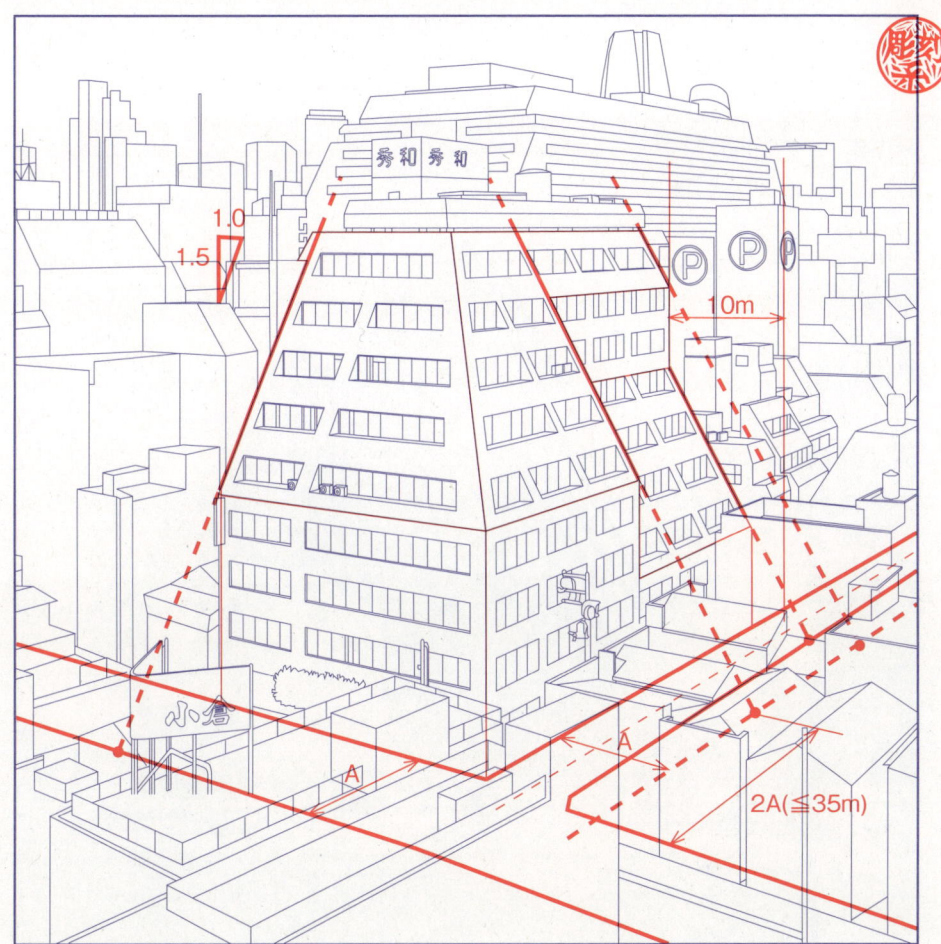

主 用 途	オフィスビル
用途地区	商業地域
住　　所	東京都港区
法 参 照	令第132条
法 解 説	前面道路が2本以上ある場合、狭い道路側に広い道路と同じ幅員があるとみなして道路斜線を適用できる部分があります。緩和を受けることのできる範囲は、幅の広い道路との交差点からその幅の2倍以内でかつ35m以下の部分と、狭い道路の中心線から10mを超えた部分です。

06	rock mountain building
	岩山ビル

「雪崩ビル」の場合はほぼ直交する2本の道路に面していましたが、こちらの物件は平行する2本の道路に面しています。2本の道路の幅員の違いによって発生する緩和の規定を利用すると、狭い道路側の壁面に斜面が2度現れることになります。複雑な表情を見せながら高く聳える様子はまるで岩山のようです。

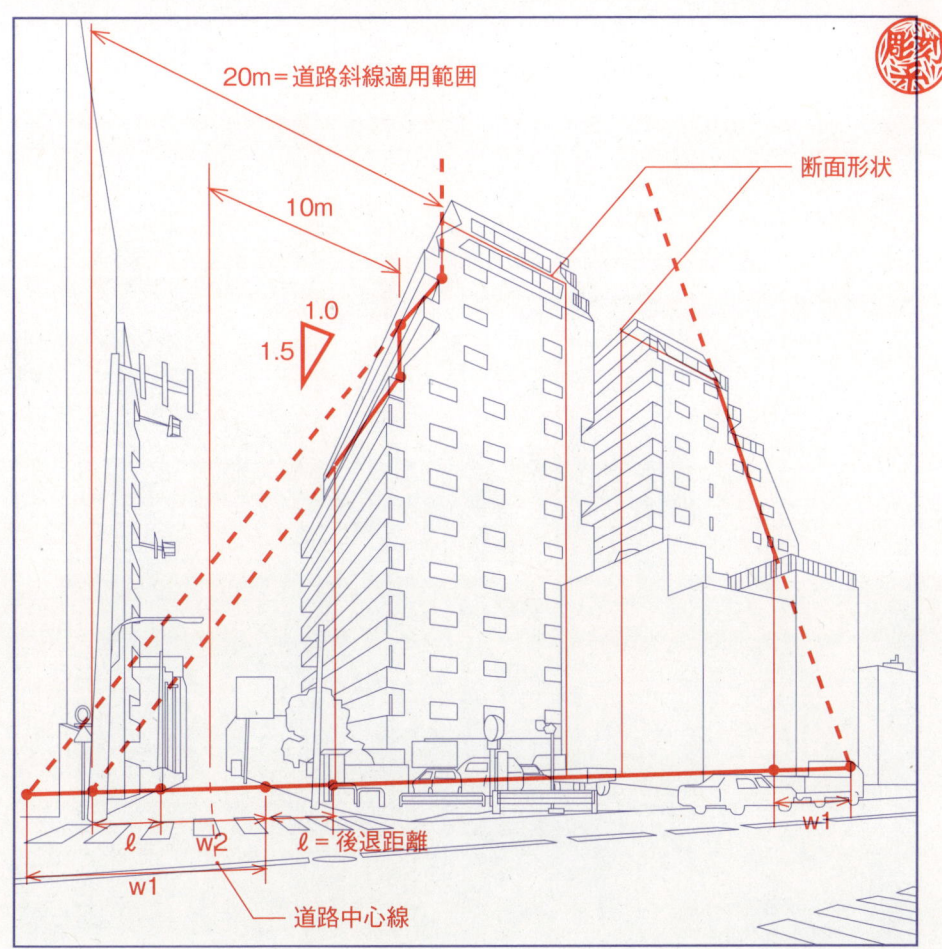

主 用 途	マンション
用途地区	商業地域
住　　所	東京都墨田区
法 参 照	令第132条
法 解 説	広い道路と狭い道路が平行している場合、狭い道路の中心線から10mを超えた部分に限り、広い道路と同等の幅員を持つとみなして斜線制限を適用できます。幅員に差があっても、後退距離が大きい場合には狭い道路からの道路斜線も上昇し、1回しか斜面ができないこともあります。

sphinx building

07 スフィンクス・ビル

高度地区の高さ制限は北側の隣地境界線からかかります。同じ北側でも道路境界線からは制限がないため、境界線の方角によっては道路側のファサードだけが残り、背後がごっそり削り取られたような形状を生み出します。顔と体の印象の違いから「スフィンクス・ビル」と名付けました。

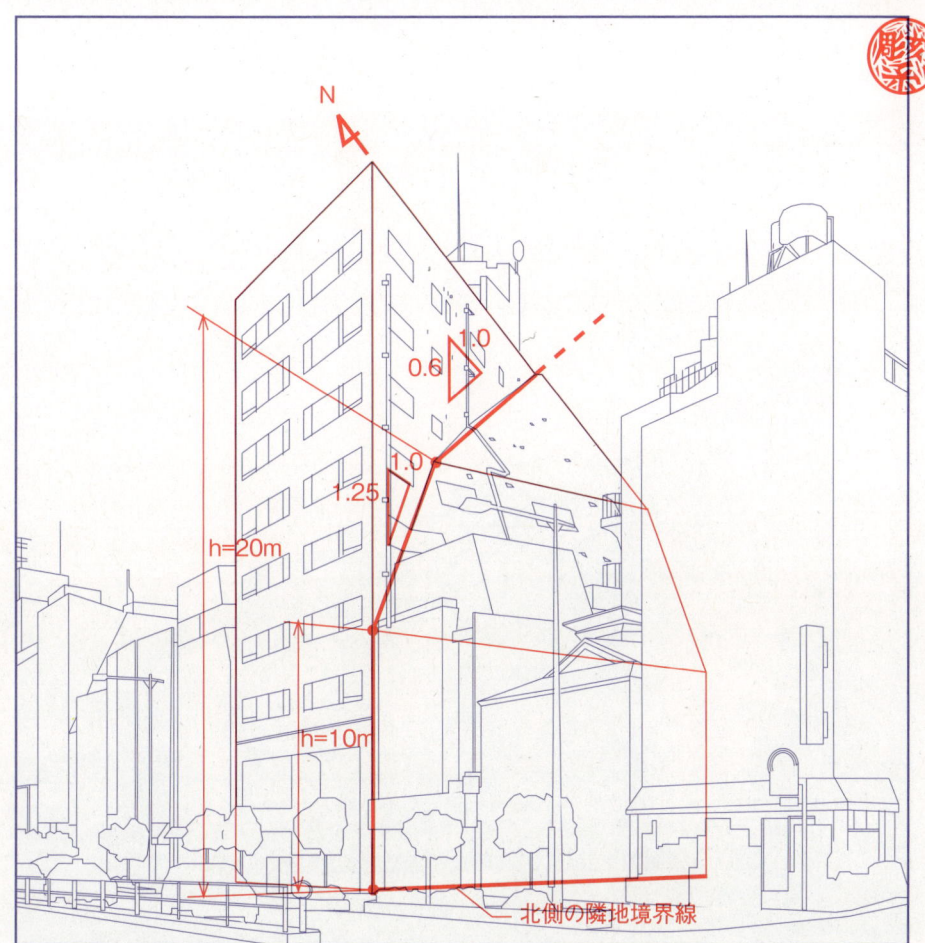

主 用 途	マンション
用途地区	近隣商業地域（第三種高度地区）
住　　所	東京都新宿区
法 参 照	法第58条、都市計画法第9条第17項
法 解 説	高度地区の高さ制限は市町村が都市計画で定めます。新宿区には第一種から第三種まであり、写真の第三種高度地区では、真北方向の隣地境界線を起点に高さ10mから20mの間は1:1.25、20m以上で1:0.6の角度を超えて建物を建てることはできません。

08	mountain park
	マウンテン・パーク

敷地が公園に接する場合、前出の道路斜線と隣地境界線からかかる隣地斜線には一定の緩和規定があります。しかしながら、真北方向からかかる北側斜線や高度地区による斜線、日影制限には、公園による緩和の条項はありません。これは暗い公園をつくらないための措置だと言えます。

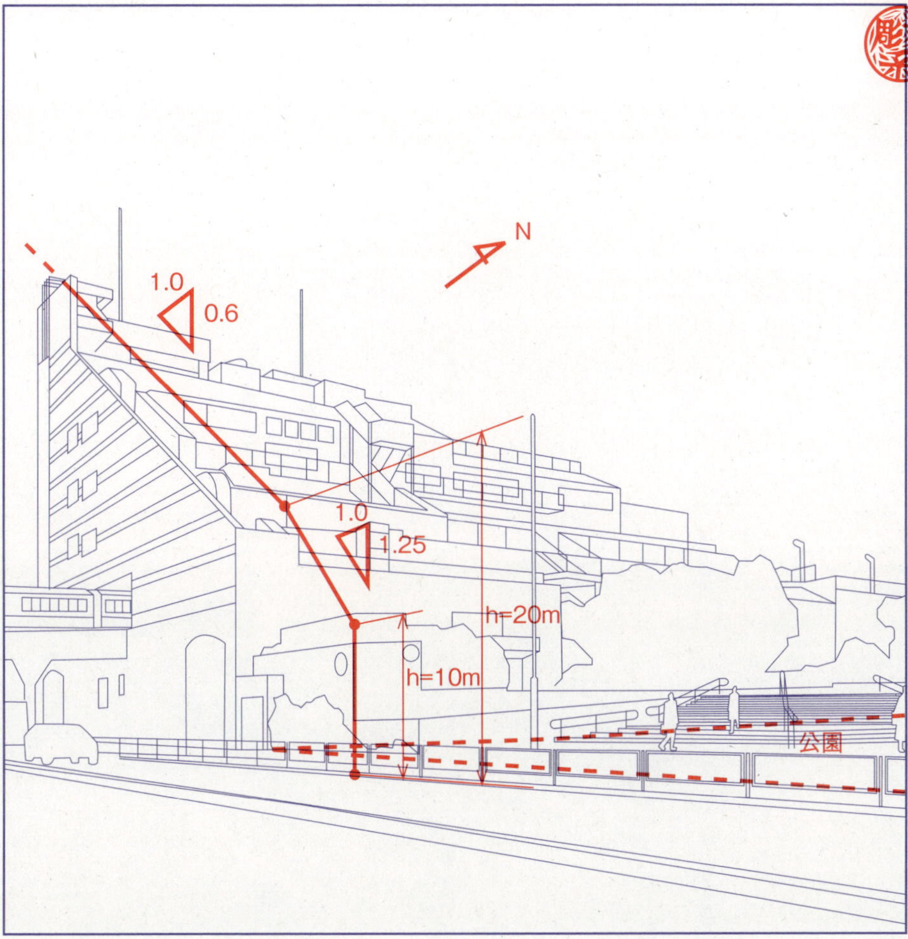

主 用 途	地下鉄駅、商業施設
用途地区	第一種住居地域（第三種高度地区）
住　　所	東京都文京区
法 参 照	令第134条、令第135条の3第1項第一号、都市計画法第9条第17項
法 解 説	敷地が道路、水面、線路敷き等に接する場合、敷地境界線を道路等の幅の中心にあるとみなすことができます。東京の水面が概して暗いのは法規に関係しているのです。しかし公園には北側からかかる斜線制限の緩和規定は適用されませんので、公園は比較的明るさが保たれています。

chamfered building

09 面取りビル

道路が120度以内の角度で接続する場合、コーナーにすみ切りを設けなければなりません。ただし、道路として位置の指定を受けない限りすみ切り部分は敷地面積に算入できますし、地上4.5mを超える部分では建築も可能です。写真ではまるで建物の一部が道路に突出しているかのようです。

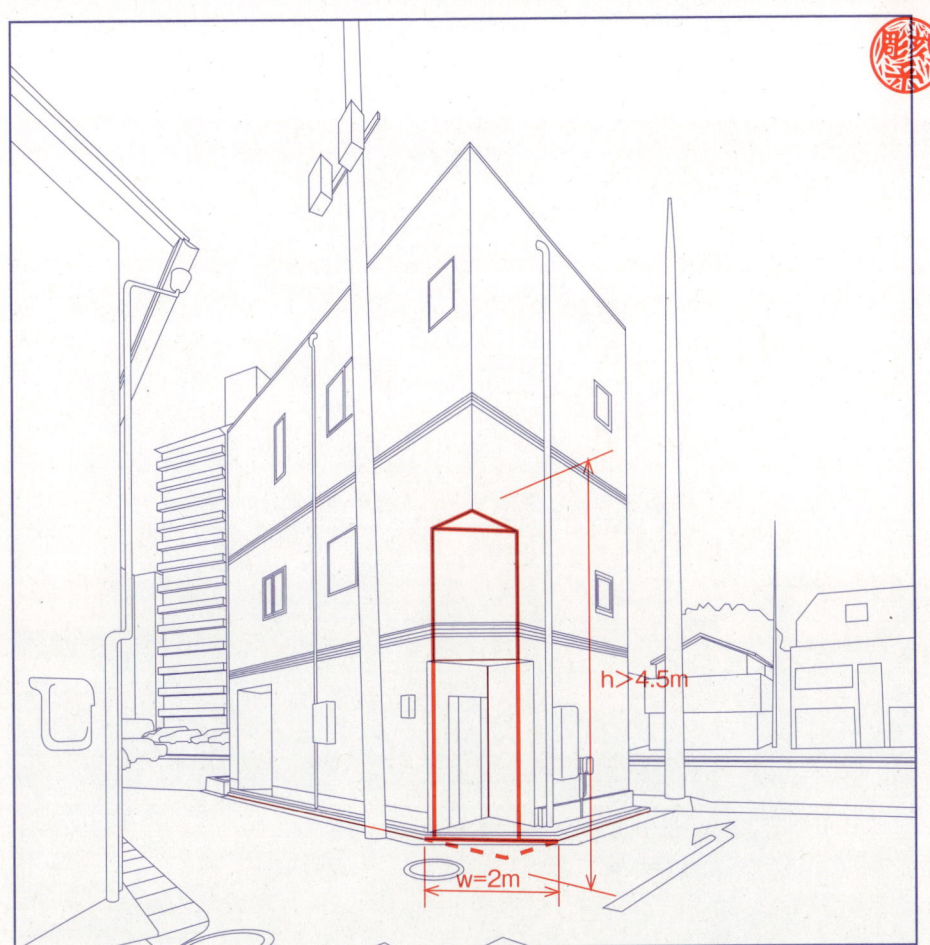

主 用 途	住宅
用途地区	商業地域
住　　所	東京都品川区
法 参 照	東京都安全条例第2条
法 解 説	幅員が6m未満の道路が交わる角敷地の場合、長さ2mを底辺とする二等辺三角形の部分は、道路状に整備しなければなりません。この部分には、交通上支障のある工作物を築造できませんが、道路状の面から高さが4.5mを超える部分についてはこの限りではありません。

matryoshka crossing

10 親子すみ切り

角地ですみ切りされた建物の右隣にもう一棟、すみ切りらしき斜めの面を持った白い建物があります。この建物によって、道が将来拡幅されると推測できます。計画道路に指定された部分に建てることのできる建物は3階以下、10m以下、地階がないなどの条件があるため、それ以外の部分との間に段差を生んでいるのです。

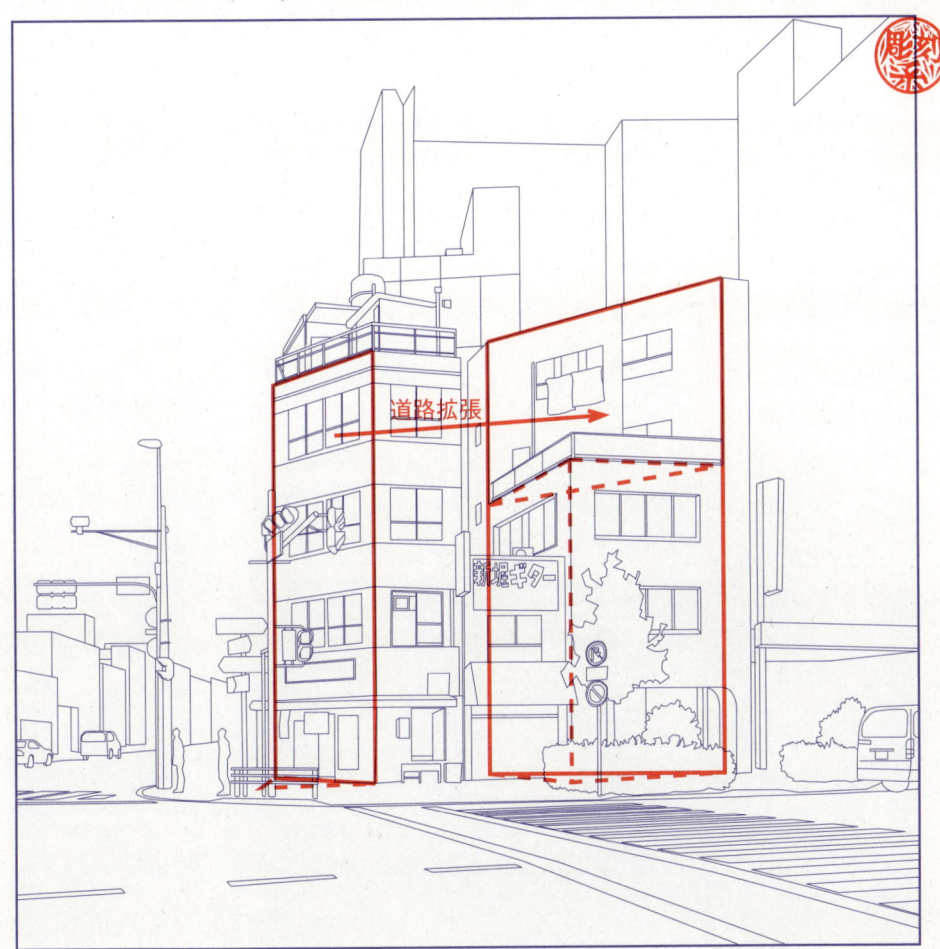

主 用 途	店舗、住宅など
用途地区	商業地域
住　　所	東京都千代田区
法 参 照	都市計画法第53条、第54条、東京都都市整備局建築制限緩和基準
法 解 説	計画道路に指定されたからと言って、その部分に建物を建てることがまったく不可能になるわけではありません。規模や構造は制限されますが、要件を満たせば建築は可能です。拡幅時は低層部を切り離すのが基本的な考え方です。

Titanic in Tabata

11 タバタニック

巨船のへさきを想わせる切り立った崖のてっぺんに住宅が。法規上「がけ」とは、地表面が水平面に対し、30度以上の角度をなす土地で硬岩盤以外のものとされます。崖面を擁壁で覆う基準、その構造にも制限があります。

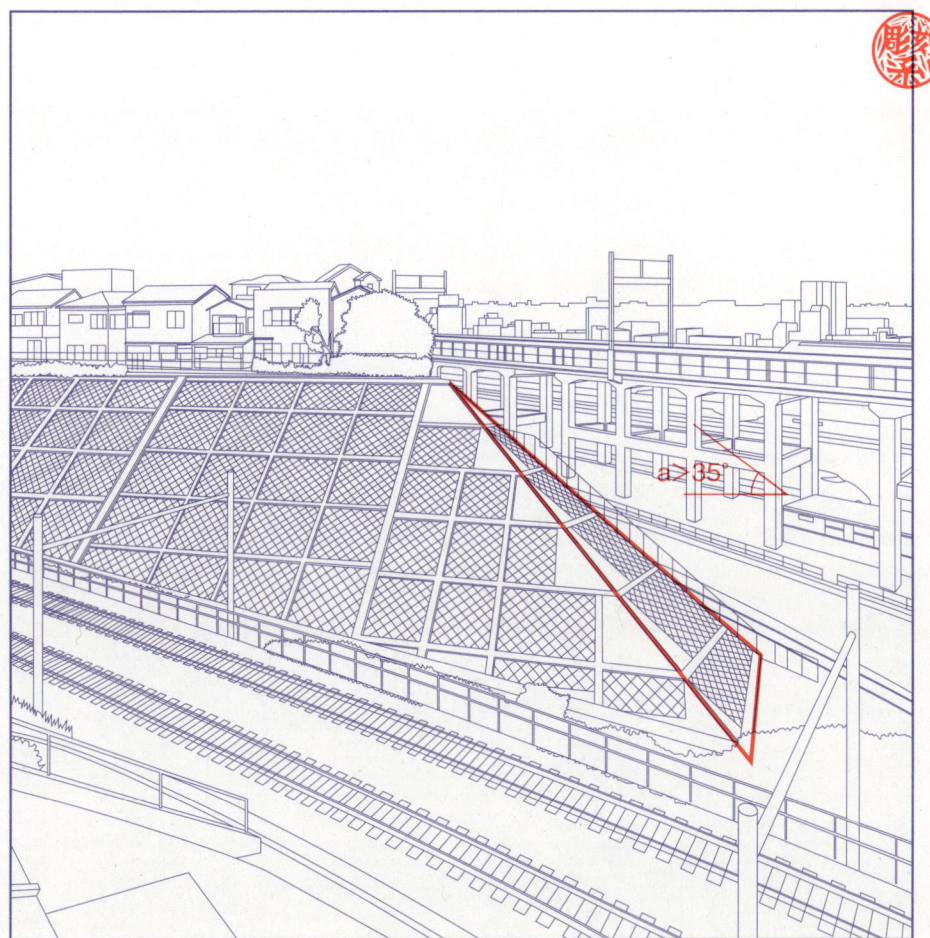

主 用 途	擁壁
用 途 地 区	第一種中高層住居専用地域
住 ・ 所	東京都北区
法 参 照	宅地造成等規制法施行令第1条、第5条
法 解 説	切土または盛土をした土地の部分に生ずる崖面は、擁壁で覆わなければなりません。ただし、切土した土地の部分で一定の角度以下のものは除かれます。その基準となる角度は土質によっても異なります。たとえば、関東ローム層の場合35度となっています。

compound eyes balconies

12 複眼バルコニー

避難上有効なバルコニーには避難ハッチなどを設けて避難階までたどりつけるように計画しなければなりません。またハッチから下階に降りたとき、真下のハッチが開いていたら危険なので、互いに重ならない位置に設けなければなりません。丸いバルコニーに開いた丸いハッチはまるでたくさんの目玉が視線を泳がせているかのようです。

φ≧50cm

主 用 途	マンション
用途地区	商業地域
住　　所	東京都港区
法 参 照	『建築物の防火避難規定の解説』、令第121条第2項、第3項、消防法施行規則第27条第1項第四号二
法 解 説	ハッチのサイズは以前「60cm以上の円が内接すること」とされていたものが、平成14年6月に50cm以上へと改正されています。避難器具用ハッチの降下口は、直下階の降下口と同一平面上にない位置に設置しなければなりません。

	radiator office
13	ラジエーター・オフィス

完全空調のおかげで最近ではめっきり数が減ってしまいましたが、バルコニーの付いたオフィスビルも昔はよく見かけたものです。外気に有効に開放されていると認められたバルコニーは床面積にカウントされませんので、定められた容積率を有効に使ったデザインだと言えます。

図中注記:
- d≦2m
- h1≧1.1m
- h2
- h1≧h2×1/2

主 用 途	オフィスビル
用途地区	商業地域
住　　所	東京都中央区
法 参 照	令第2条第1項第三号
法 解 説	当該バルコニーのうち開放されている部分の高さをh1、天井までの高さをh2とした場合にh1≧1.1mかつh1≧h2×1/2で、幅が2mまでの部分は外気に有効に開放されているものとして床面積に算入されません。

14	border apartment
	ボーダー・アパートメント

バルコニーや廊下の開放性が高いと認められた場合には消防設備などの設置基準を下げることができるため、多くの共同住宅が基準を遵守してきれいなボーダー柄になっています。共同住宅の共用部分に関してはそもそも面積に含まれないため、面積確保が目的ではありません。

$h1 \geqq 1.1m$

$h2$

$h1 \geqq h2 \times 1/2$

主用途	マンション
用途地区	商業地域
住　所	東京都港区
法参照	昭和61年建設省住指発115号を準用
法解説	開放と認められる基準は、外気に開放されている部分の高さが1.1m以上でかつ天井高の1/2以上なくてはなりません。またその基準を満たしていても、隣地境界線まで1m以下（東京都は50cm以下）に迫っているような場合は開放と認められません。

	stairs facade
15	階段ファサード

物品販売業を営む店舗は、不特定多数が利用する建物として避難階段の設置基準が特に厳しくなっています。階段幅の合計は床面積が最大の階の床面積に比例するので、広い店舗では壁面一面が階段で覆い尽くされることも。

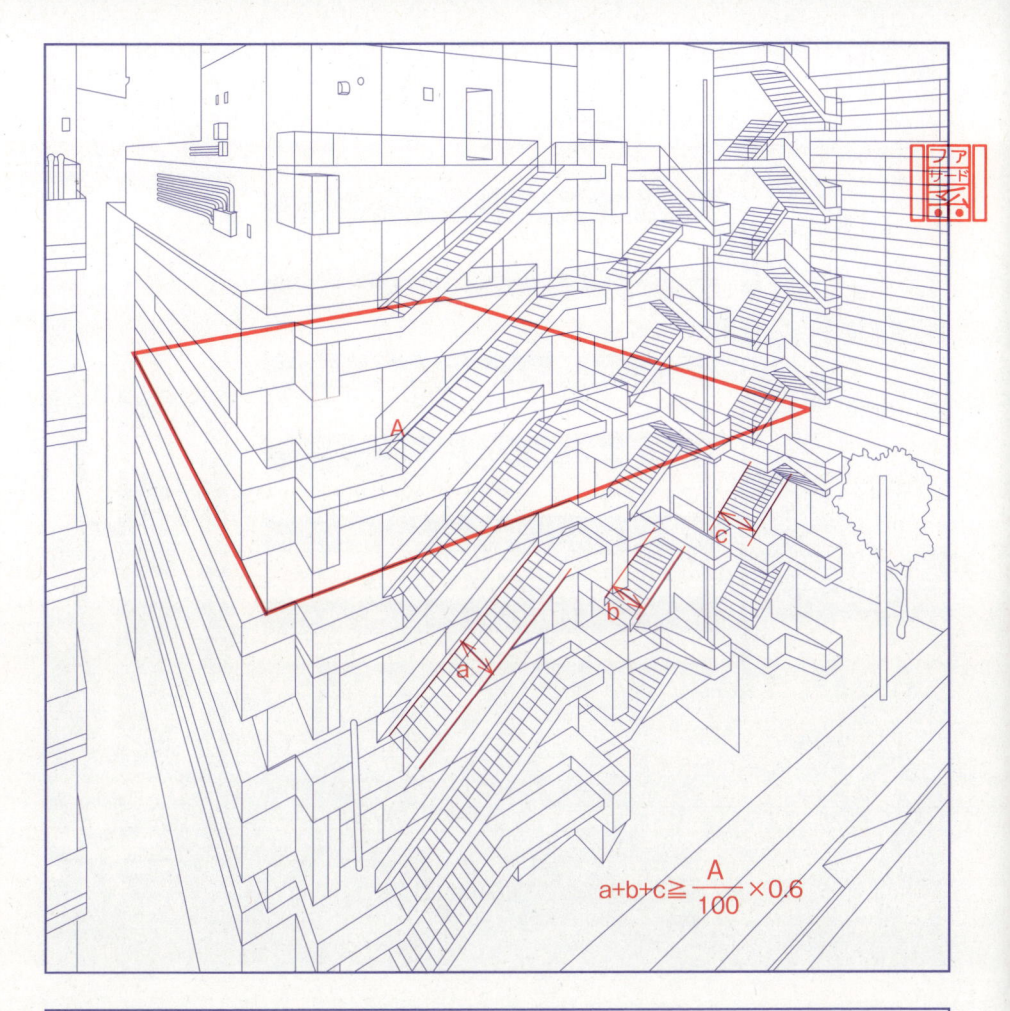

$$a+b+c \geqq \frac{A}{100} \times 0.6$$

主 用 途	店舗
用途地区	商業地域
住　　所	東京都千代田区
法 参 照	令第124条
法 解 説	各階における避難階段および特別避難階段の幅の合計は、その直上階以上の階のうち床面積が最大となるものの床面積100㎡につき60cmで換算した値以上でなければなりません。たとえば5階に1,000㎡の店舗がある場合、それ以下の階では合計6m以上の階段幅が必要になります。

超合法建築図鑑

16	random windows
	ランダム・ウィンドウ

赤いステッカーの貼られた代替非常用進入口が縦にずらっと並ぶ様はよく見かけますが、ここでは一見ランダムに配置されています。代替非常用進入口は3階以上の各階において壁面の10m以内ごとにひとつと定められており、内側の計画が許せばこのようなばらばらの配置も可能です。

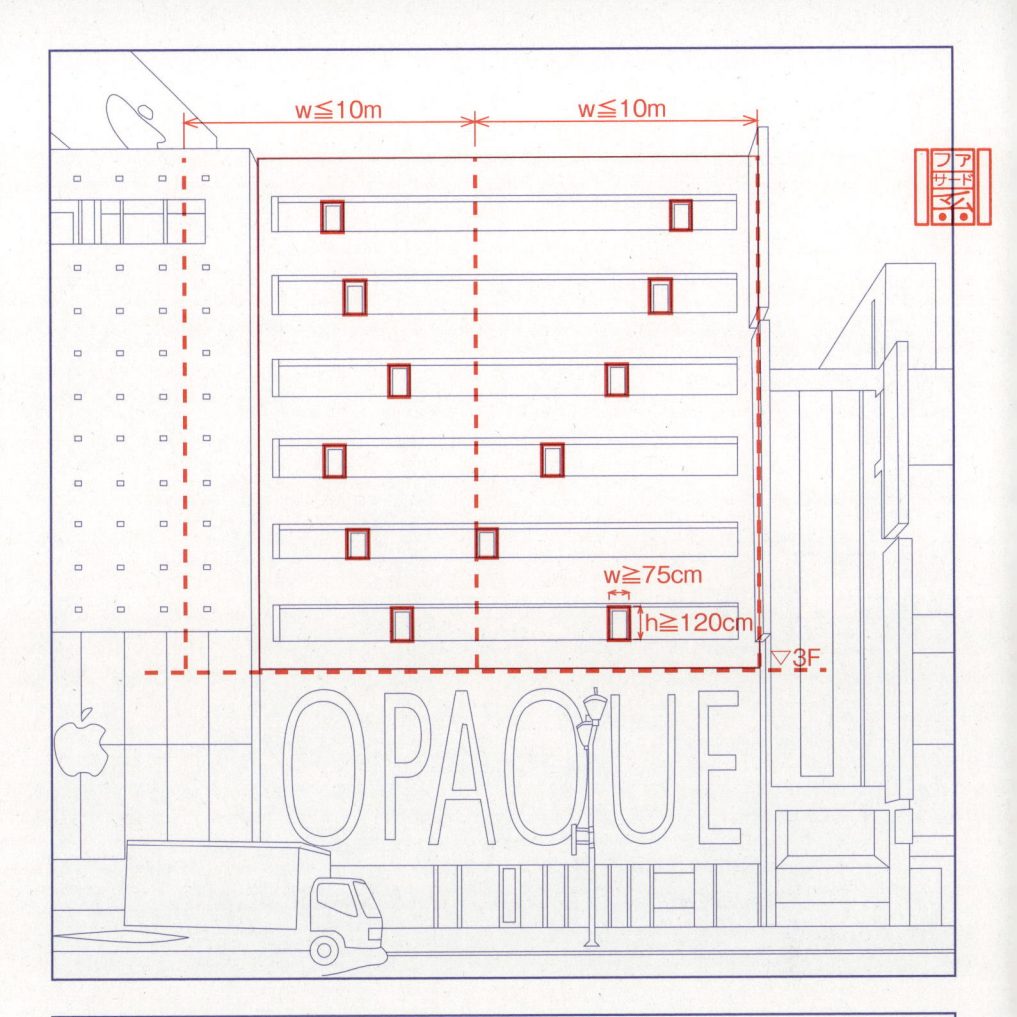

主用途	店舗、オフィス
用途地区	商業地域
住　　所	東京都中央区
法 参 照	令第126条の6
法 解 説	代替非常用進入口では、非常用進入口に必要なバルコニーや赤色灯が免除されます。ただし簡易な分、数を多く設ける必要があります。具体的には非常用進入口ならば各階の外周部40m以内にひとつであったものが、10m以内ごととされます。

17	bubble windows
	バブル・ウィンドウ

消防活動のために必要になる代替非常用進入口は、75cm×120cmまたは直径100cm以上の円が内接するものと定められています。写真では100cmの円形開口部とし、意匠的なアクセントにしています。

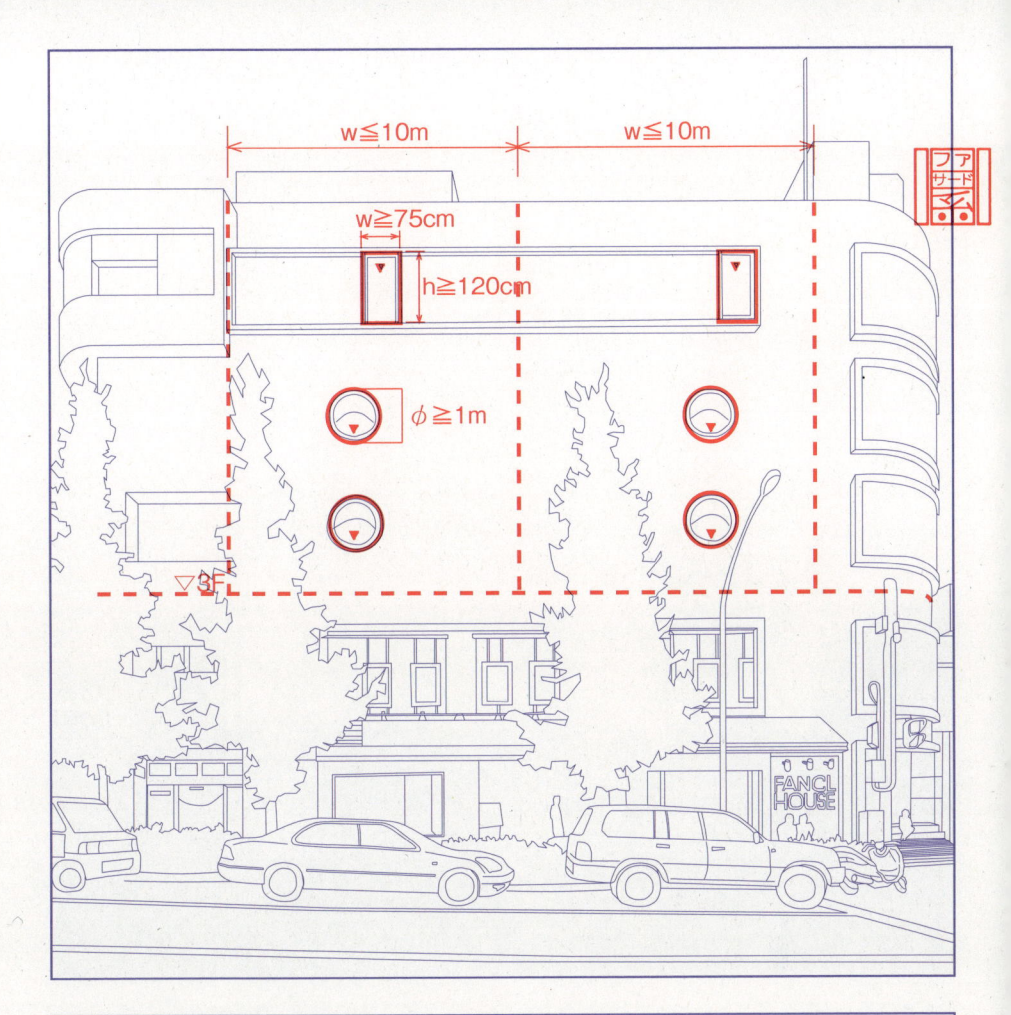

w≦10m　w≦10m
w≧75cm
h≧120cm
φ≧1m
▽3F
ファサード

主用途	テナントビル
用途地区	商業地域
住　所	東京都渋谷区
法参照	令第126条の6
法解説	3階以上で高さ31m以下にある階には非常用進入口が必要になりますが、幅員4m以上の通路や空地に面した外壁面の10m以内ごとに開口部を設けることで代替できます。非常用進入口では開口部の寸法が75cm×120cm以上と定められていますが、代替非常用進入口では直径1m以上の円形も認められます。

超合法建築図鑑

	tofu
18	とうふ

居室には採光のための開口部を設けなければなりません。だたし、倉庫や冷蔵室、地下室、温湿度調節が必要となる作業室、劇場や映画館など、日光を遮る必要がある場合はその限りではありません。したがってこのような巨大な壁面を持つ建築もけっして違法ではありません。

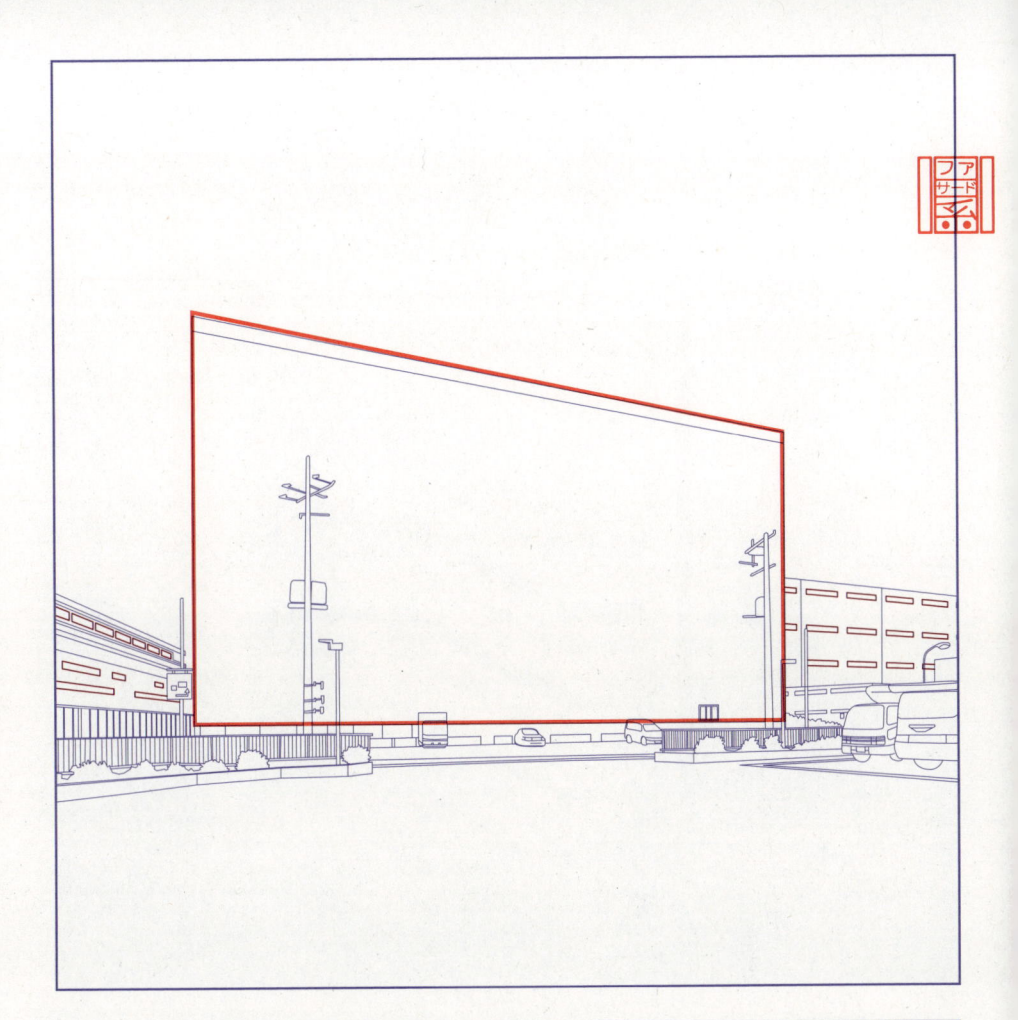

主 用 途	倉庫
用途地区	準工業地域
住　　所	東京都大田区
法 参 照	法第28条第1項、令第19条
法 解 説	温湿度調節を必要とする作業を行う作業室その他用途上やむを得ない居室については必ずしも採光のための開口部を設ける必要はありません。以前は住居や学校以外の居室も開口部を設けるよう要求されていましたが、平成12年の建築基準法施行令改正により対象居室が限定されました。

19	escalator facade
	エスカレーター・ファサード

電気街の一角にある家電量販店。エスカレーターの勾配がファサードに躍動感を与え、ド派手なネオンサインが踊るこの一帯の中でも一際人目を引く建物になっています。エスカレーターの勾配は基準法施行令に定められています。

主 用 途	家電量販店
用途地区	商業地域
住　　所	東京都千代田区
法 参 照	令第129条の12
法 解 説	エスカレーターは、勾配、踏段のサイズ、積載加重、速度、非常停止装置など、その技術基準が法令により細かく規定されています。たとえば勾配は30度以下と定められていますが、条件によっては35度まで角度をつけることができます。

	pilotis house
20	ピロティ・ハウス

自動車車庫がある場合、総延べ床面積の1/5まで容積率の算定から除外されます。1階に屋内部分がなく、すべて駐車場となっているこの建物の場合、駐車場の3/5まではカウントされず、残りの2/5と2階、3階の合計で定められた容積率を使いきることができるようになります。

緩和される面積
=(Sf1+Sf2+Sf3)×1/5

主 用 途	住宅
用途地区	準工業地域
住　　所	東京都江東区
法 参 照	令第2条第1項第四号、第3項
法 解 説	自動車車庫は容積率算定のための延べ床面積から除外することができます。屋内車庫の場合建築面積には算入されますので、かりに平屋の場合は建築面積よりも延べ床面積のほうが少ないという逆転現象が起きます。

21	two in one
	2こ1

階段を挟んで手前と奥にふたつの住宅があります。通常ひとつの敷地にはひとつの建物しか建てられませんから、この場合、人工地盤を介して一体の建物とみなされているようです。仮に完全に別棟だった場合、奥の建物の接道条件を満たしながら敷地を分筆しなければなりません。

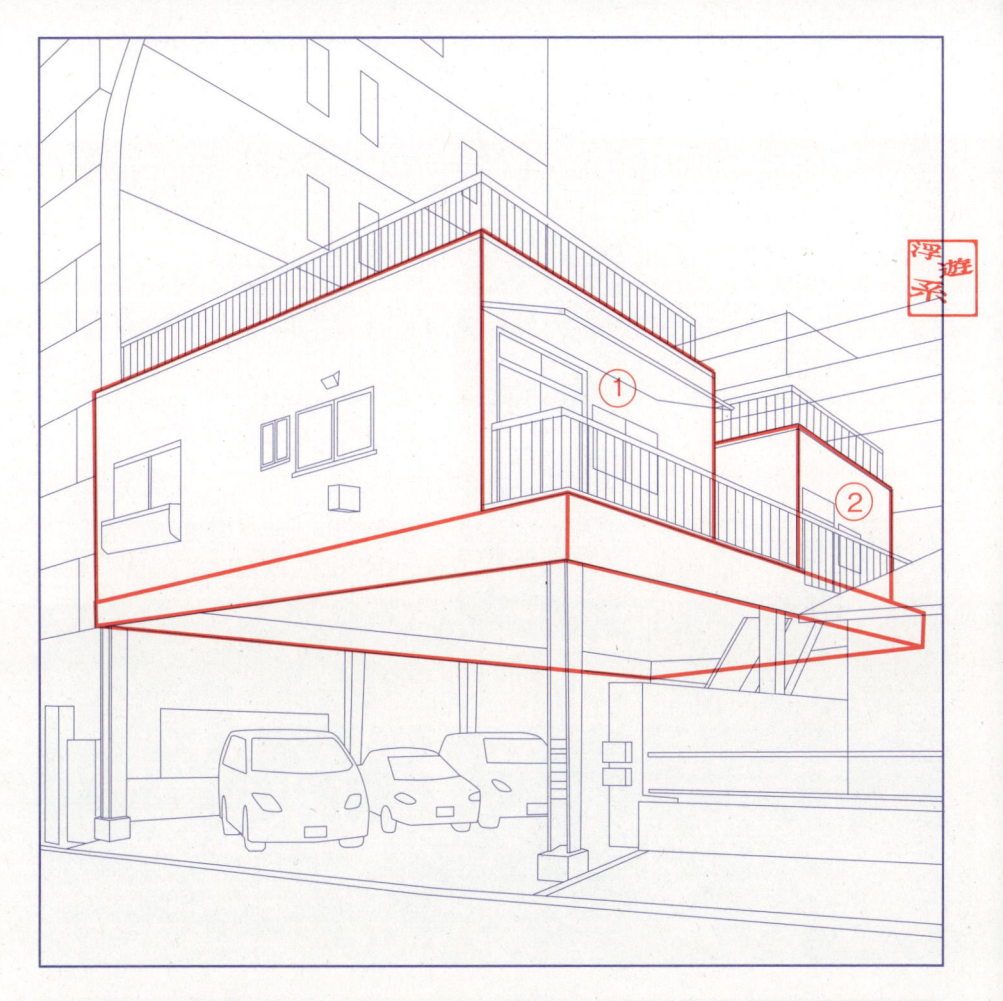

主 用 途	住宅
用途地区	準工業地域
住　　所	東京都墨田区
法 参 照	令第1条
法 解 説	用途不可分とされるか、必要な通路などをつくって一団地認定を受けた場合には、ひとつの敷地に複数の建物を建てることができますが、一般的には無理です。基準法のほかに、消防法上別棟とみなせるかどうかによって耐火の基準が変わります。

22	2+1 stories 2+1階建て

用途が住宅の場合、地階の床面積は最大で建物全体の床面積の1/3まで容積率の算定から除外されます。各階同一面積で地上2階を建てることのできる許容容積がある場合、同じ面積の地下1階をつけ足すことも可能ということになります。

主 用 途	住宅
用 途 地 区	─
住　　所	神奈川県茅ヶ崎市
法 参 照	令第1条第2項、令第2条第2項
法 解 説	地階とみなされるのは床面が地盤面より下にある階で、床面から地盤面までの高さが天井高の1/3以上、かつ、その天井が地盤面から1m以下のものです。その場合、建物全体の床面積の1/3までは、住宅の容積率の算定から除外されます。

	tripple decks
23	三重橋

渡り廊下が3本、道路上空を横切っています。上空の渡り廊下も道路上に建てることのできる数少ない建造物のひとつです。ただし向かい合う建物間であればなんでもいいわけではなく、相応の公共性が求められるとともに、構造や仕様材料にも厳しい制限があります。余談ですが、写真の百貨店に地下連絡通路がないのは道路が川の暗渠になっているためです。

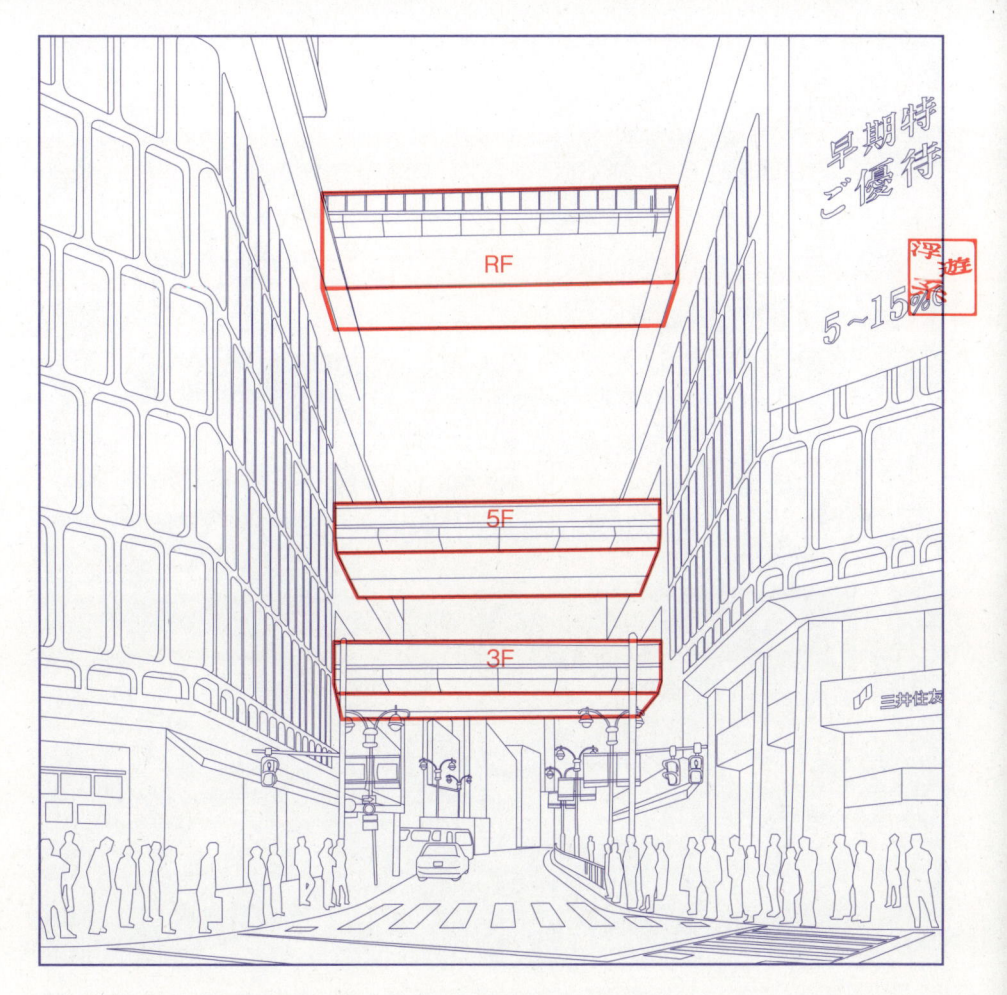

主 用 途	百貨店
用途地区	商業地域
住　　所	東京都渋谷区
法 参 照	法第44条第1項第四号、令第145条第2項
法 解 説	避難上必要な5階以上の渡り廊下や、交通の緩和に寄与する渡り廊下などは道路上の建築が認められる可能性があります。ただし、構造耐力上主要な部分をS造、RC造、SRC造とする必要があるほか、落下しやすい材料を用いることもできません。なお特定行政庁は許可する際あらかじめ建築審査会の同意を得なければなりません。

超合法建築図鑑

sta. above str.

24　道上駅

道路上に建てられる建築物にはさまざまな規制があります。しかし、もしそれが建築物でなかったとしたらどうでしょう。鉄道駅のプラットフォームは基準法に規定される建築物ではないため、道路上に建てることも可能です。道路の上空で電車を待つ人はなかなかにシュールです。

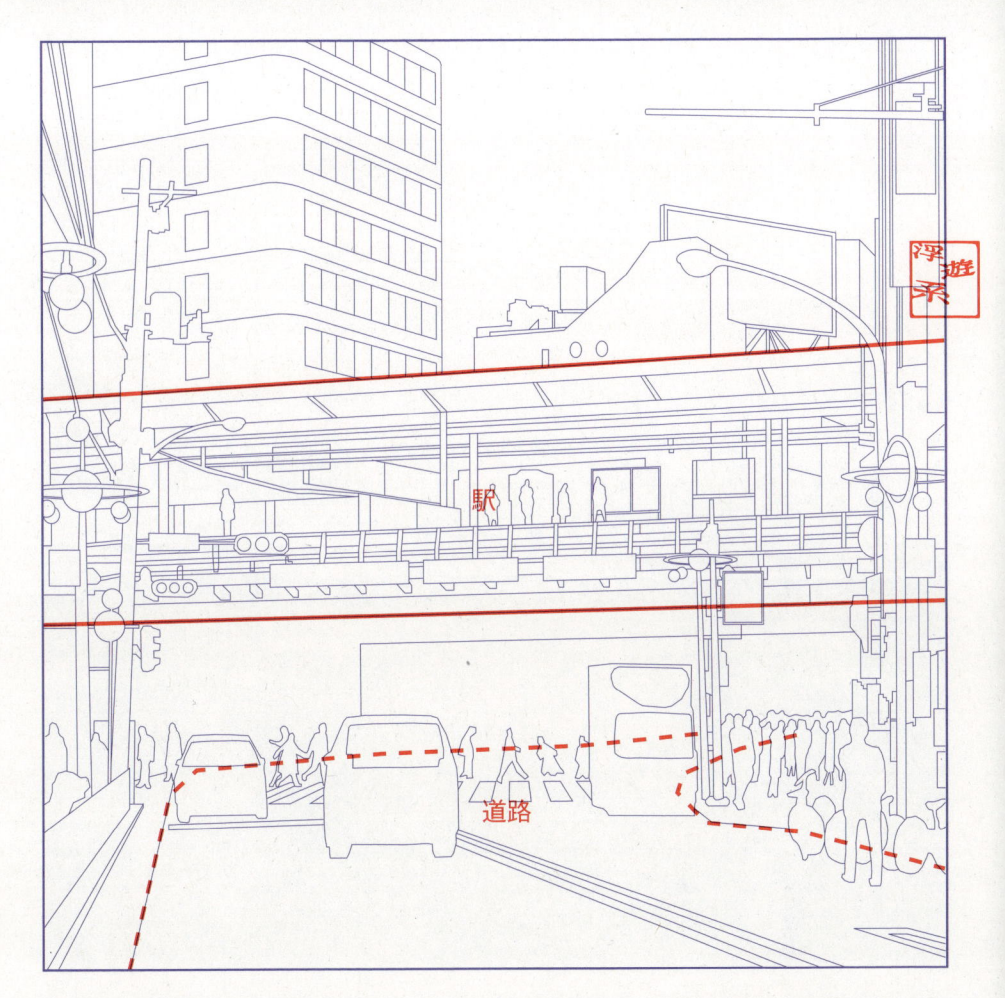

主用途	駅
用途地区	商業地域
住　所	東京都新宿区
法参照	法第2条第1項第一号
法解説	建築物の定義は基準法導入部分の核心です。最初に「土地に定着する工作物」とあり、屋根や壁らしき構造を持つものの移動可能な、自動車や電車などが除外されます。ほかに鉄道関連施設などが除外されていますが、それらは鉄道事業法など別の制限を受けます。

	bridge station
25	川上駅

建築基準法が定める建築物の定義にはプラットフォームの上屋など鉄道・軌道上の施設が除外されるとあります。したがって、道路上など基準法ではあり得ない場所に駅が建つ光景も東京ではよく見かけます。しかし河川上ともなるとさすがにめずらしいものです。

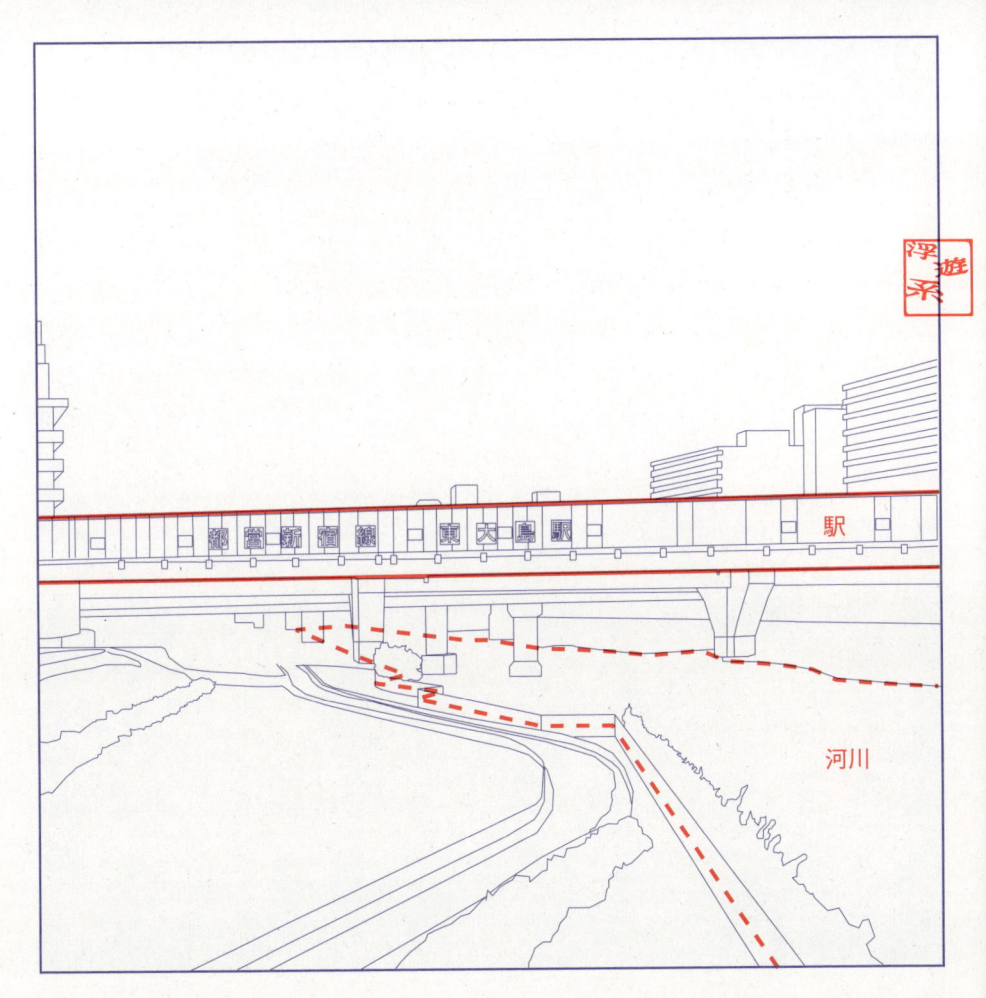

主 用 途	駅
用途地区	準工業地域
住　　所	東京都江東区
法 参 照	法第2条第1項第一号
法 解 説	プラットフォームの上屋は建築物ではないため、建築基準法に規定されません。建つ場所のほか、構造や材料などにおいても、独自の進化をたどったものと考えられます。

超合法建築図鑑

26	drive-through parking
	車道橋

百貨店の駐車場の上を高架の道路が横切っています。計画当時、国道246号線のバイパス経路上に確認申請が降りた駐車場があることが判明。用地買収は難航し、結果的に一部計画変更の上、高架橋での横断となったようです。

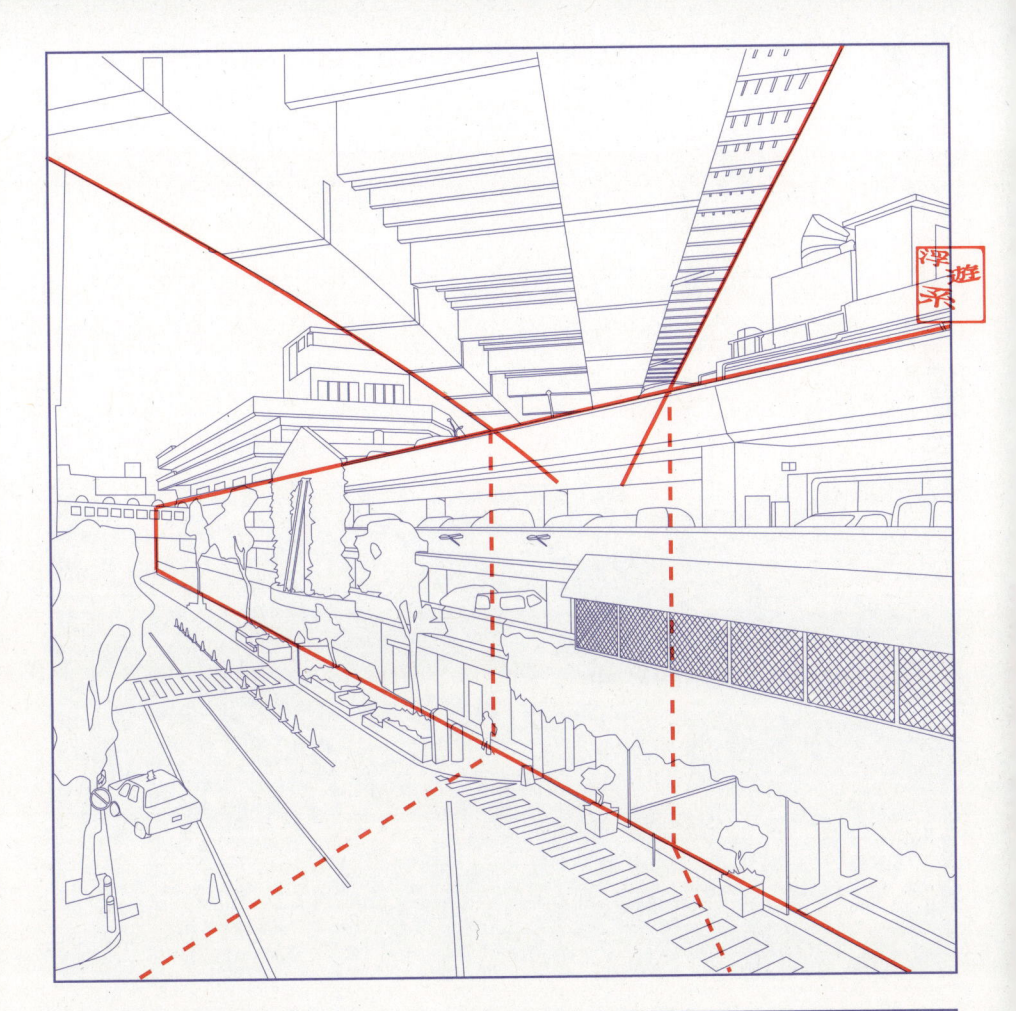

主 用 途	道路、駐車場
用途地区	商業地域
住　　所	東京都世田谷区
法 参 照	法第43条、法第44条、立体道路制度
法 解 説	道路の下や上を用いた立体的な土地活用に向け、平成元年度の法改正により「立体道路制度」が法制化されています。写真の事例は立体道路制度創設以前の先験的事例として有名です。

超合法建築図鑑

boat house

27　船形屋

これは屋形船ではありません。区別するため「船形屋」と呼んでみたいと思います。東京都は水辺のにぎわいを創出するため運河ルネッサンス推進地区を設定し、その地域内では部分的に水上の占用が認められるようになりました。

主 用 途	レストラン
用途地区	指定なし
住　　所	東京都品川区
法 参 照	運河ルネッサンス推進ガイドライン
法 解 説	「運河ルネッサンス」によってこれまで港湾関係者の利用に限定されていた運河など都内の水面の一部が商業利用に開放されるようになりました。土地に定着した、いわゆる建築物ではありませんが、船舶安全法のほかに、建築基準法が適用されます。

28	hamburger building
	ハンバーガー・ビル

中間階に駐車場を挟み込んだビル。崖地に建つため、こちらから見ると6層ですが、あちらの道路から見れば3層で、駐車場は1階ピロティにあります。こちらから見たときの1階（崖下）と4階（駐車場階）が避難階とみなされているようです。なお駐車場は何階にあろうとも全体の床面積の1/5までは容積率に算入されません。

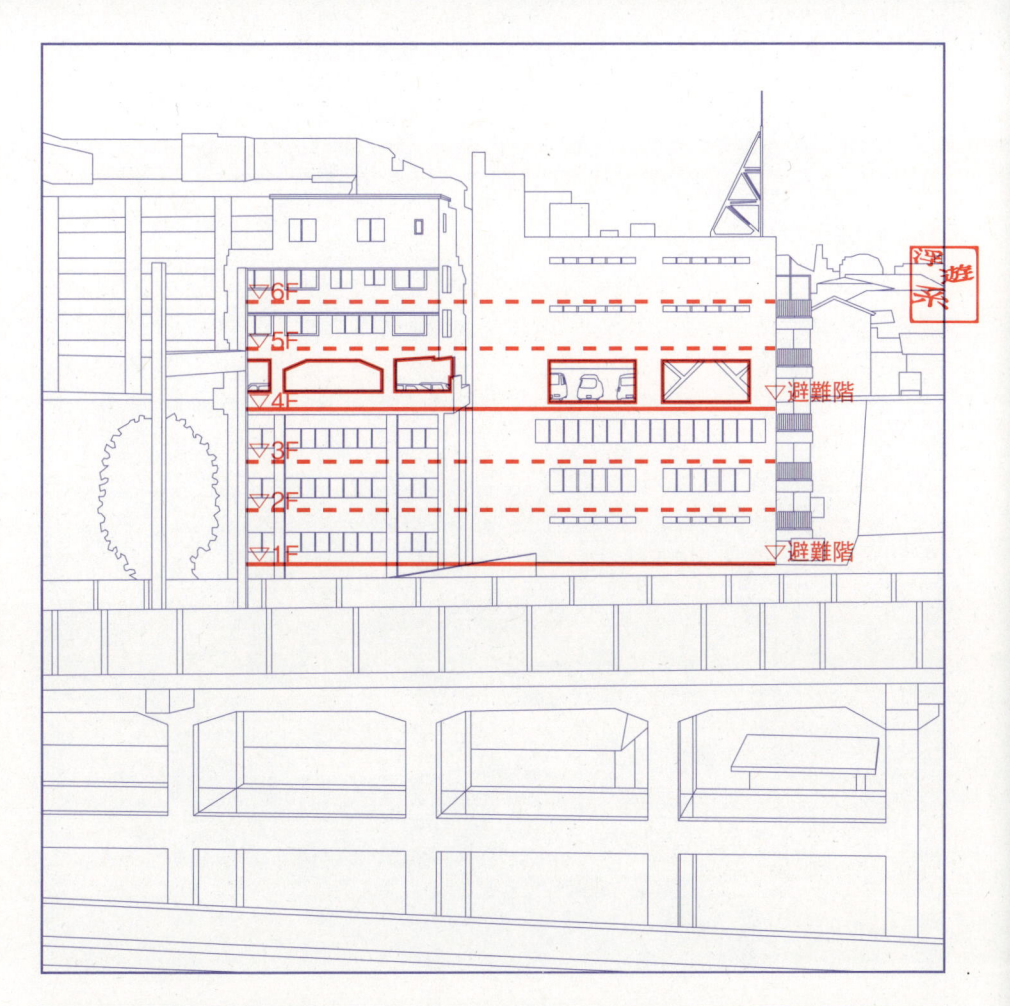

主 用 途	オフィス、駐車場
用途地区	準工業地域
住　　所	東京都北区
法 参 照	令第13条の3第1項第一号
法 解 説	避難階は敷地から外へ有効に避難できることが重要で、ほかに人工地盤やペデストリアンデッキなどに通じる出入り口がある階なども避難階とすることができます。ちなみに屋上は避難階とは認められません。

	bumpy arcade
29	凸凹アーケード

歩道も道路の一部ですから、歩道上に設置する建築物もさまざまな制限を受けます。アーケードの場合、最下部と路面との距離が歩道上で2.5m以上、車道上で4.5m以上となるため、屋根が激しく上下することになります。

リボン系

主 用 途	アーケード
用途地区	商業地域
住　　所	東京都世田谷区
法 参 照	道路法施行令第10条
法 解 説	道路の構造や交通に支障をきたすことのないよう、道路を占用する工作物等は制限を受けます。路面からの高さが設定されると同時に、接地する脚部分の平面的な位置についても規定があります。

超合法建築図鑑

30	willow billboard
	柳看板

通常、建築物は敷地内に建てることになりますが、敷地の境界線を超えて建てることのできるものもあります。たとえば看板の場合は、歩道上3.5m以上であれば1m以内に限り道路上に突出することが認められています。ただし許可を得て道路占用料を支払わなければなりませんのであしからず。

w≦1m

h≧3.5m

リボン系

主 用 途	看板
用途地区	商業地域
住 所	東京都千代田区
法 参 照	道路法第32条
法 解 説	道路上を占用できる工作物は、看板のほかに日除けや工事用仮囲いなどがあります。占用にあたっては道路占用料を支払います。看板では表示 $1m^2$ につき1年4,400円（町村では1,100円）などとなっています。

31	scarf apartment
	マフラー・アパート

マフラーのように巻き付いた階段がオシャレ。1階、2階、3階がそれぞれ別世帯で、それらに直接アクセスできるよう階段を設けることで、建物内に共用部分のない長屋の形式を実現しています。共用部分があると基準法上は共同住宅に分類され、より厳しい制限を受けることになります。

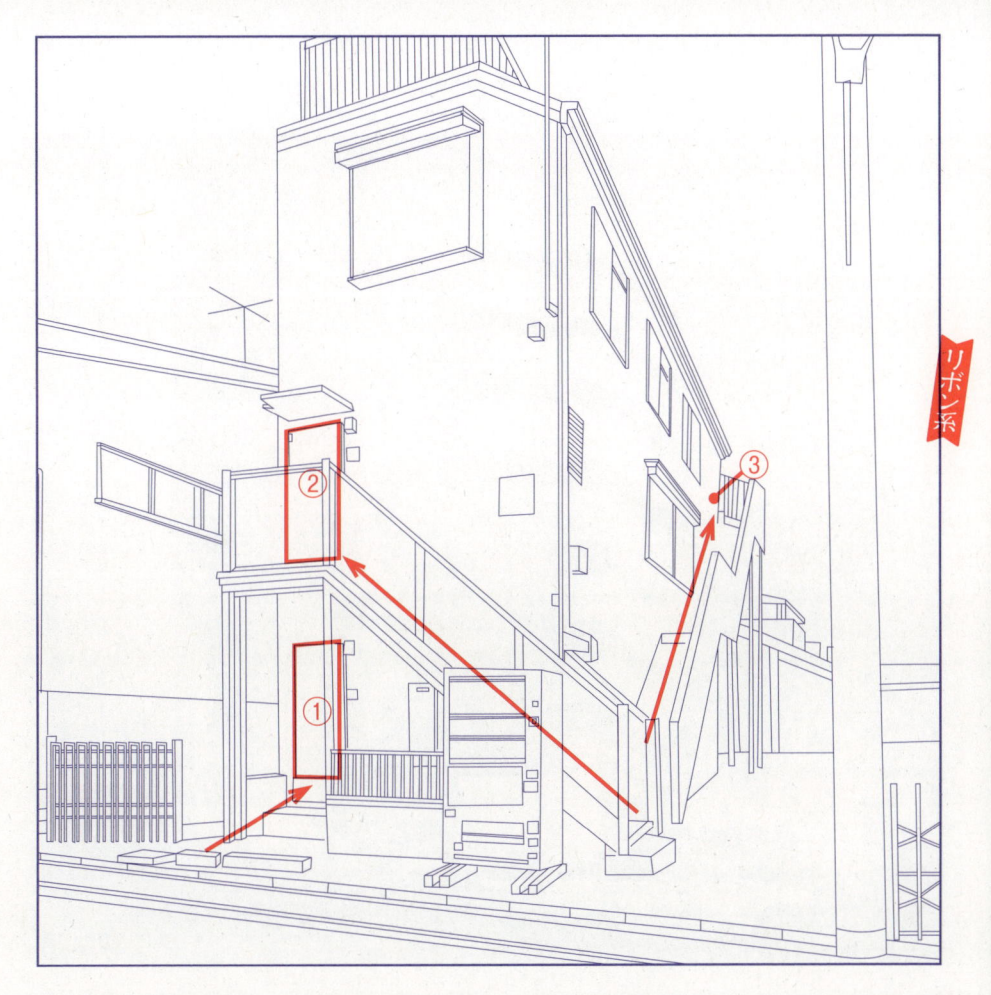

主 用 途	アパート
用途地区	第一種中高層住居専用地域
住　　所	東京都世田谷区
法 参 照	法第2条、法別表第1、第2
法 解 説	特殊建築物になる共同住宅では窓先空地や敷地内避難通路、避難器具の設置、主要出入口の位置などさまざまな制限を受けます。東京都では、旗竿敷地の奥に共同住宅を建てることはできませんが、長屋仕様とすることで建築が可能になります。

リボン系

超合法建築図鑑

32	glove stairs
	グローブ階段

避難のための直通階段を設ける場合、避難に支障のないよう、階段部分を適切に連続させる必要があります。写真では、階段部分が上下が揃うことで腕状になり、中廊下や屋上へとのびる通路が指のように広がっています。

リボン系

主 用 途	警視庁庁舎＋宿舎
用途地区	商業地区
住　　所	東京都千代田区
法 参 照	令第120条第12項、令第121条
法 解 説	建築物の避難階以外の階では、避難階または地上に通ずる直通階段を設けなければなりません。原則的には途中階で位置の変わる階段は直通階段ではありませんが、距離が短く、誤りなく容易に到達できるものは直通階段とみなせることがあるようです。

超合法建築図鑑

	escape slider
3 3	避難すべり台

建物にすべり台がぶら下がっています。まるで公園と建築が合体したかのようなファンタジーを感じさせてくれる建物ですが、これは児童福祉施設に設置が義務づけられた避難設備の一種です。緊急時こどもがスムーズに避難できるよう配慮されています。

リボン系

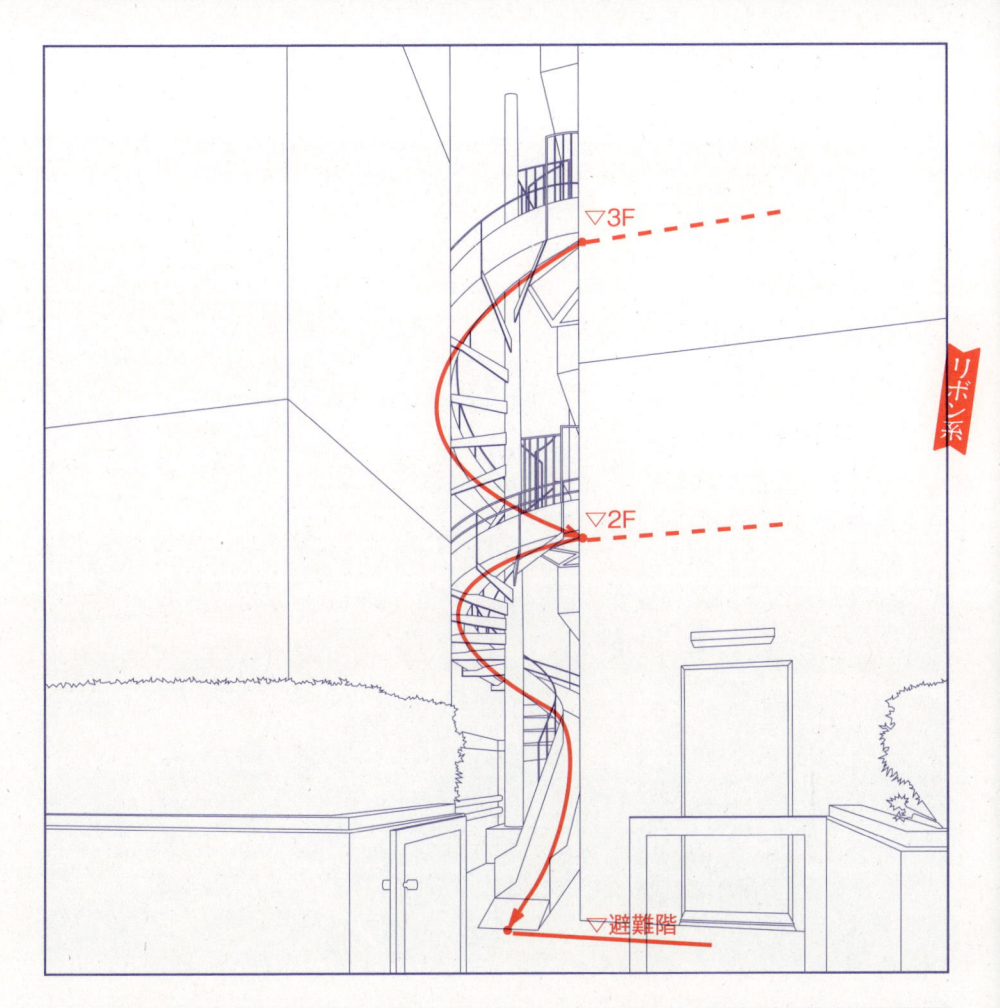

主 用 途	保育所
用途地区	第二種住居地域
住　　所	東京都中央区
法 参 照	児童福祉施設最低基準（抄）第32条
法 解 説	保育所等の児童福祉施設における階段には、ほかの建物と比べやや特殊な規定があります。常用と避難用とに区別され、保育室等こどものいる部屋の階数に応じて種類が異なります。耐火構造の屋外傾斜路は、3階の避難用設備として扱うことができます。

超合法建築図鑑

34	wave parking
	ウェーブ・パーキング

ゆっくりと打つ波のように、大きく湾曲したスラブが連なってダイナミックな風景をつくり出しています。これは駐車場のスロープを建物の外周部に集めることでできたファサード。駐車場法には、車路の勾配は17％を超えないことと定められています。

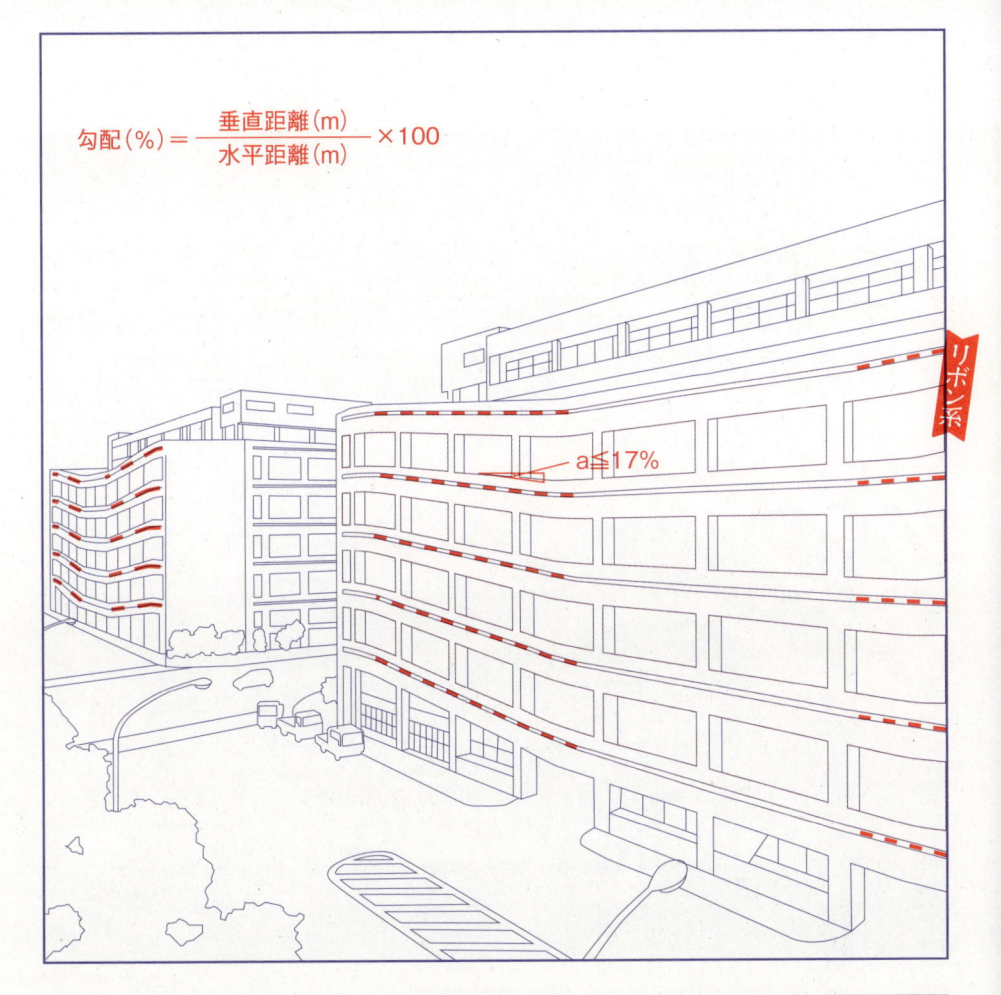

$$勾配(\%) = \frac{垂直距離(m)}{水平距離(m)} \times 100$$

$a \leqq 17\%$

リボン系

主 用 途	配送センター
用途地区	準工業地域
住　　所	東京都大田区
法 参 照	駐車場法施行令第8条
法 解 説	建築基準法によって建築物とされた駐車場(平置き駐車場は建築物ではありません)は、駐車場法によって制限を受けます。傾斜部分の勾配は17％以下であり、路面は粗面、またはすべりにくい材料で仕上げることなどが定められています。

超合法建築図鑑

35	zebra parking
	シマウマ・パーキング

駐車場の車路の勾配は17％とありましたが、正確にはそれ「以下」と定められているだけです。また天井高に関する規定は車路で梁下2.3m、駐車部分で梁下2.1mですが、それらも「以上」と定められるのみで上限はありません。その条件を駆使すればこのような不規則でのびやかなファサードをつくることも可能です。

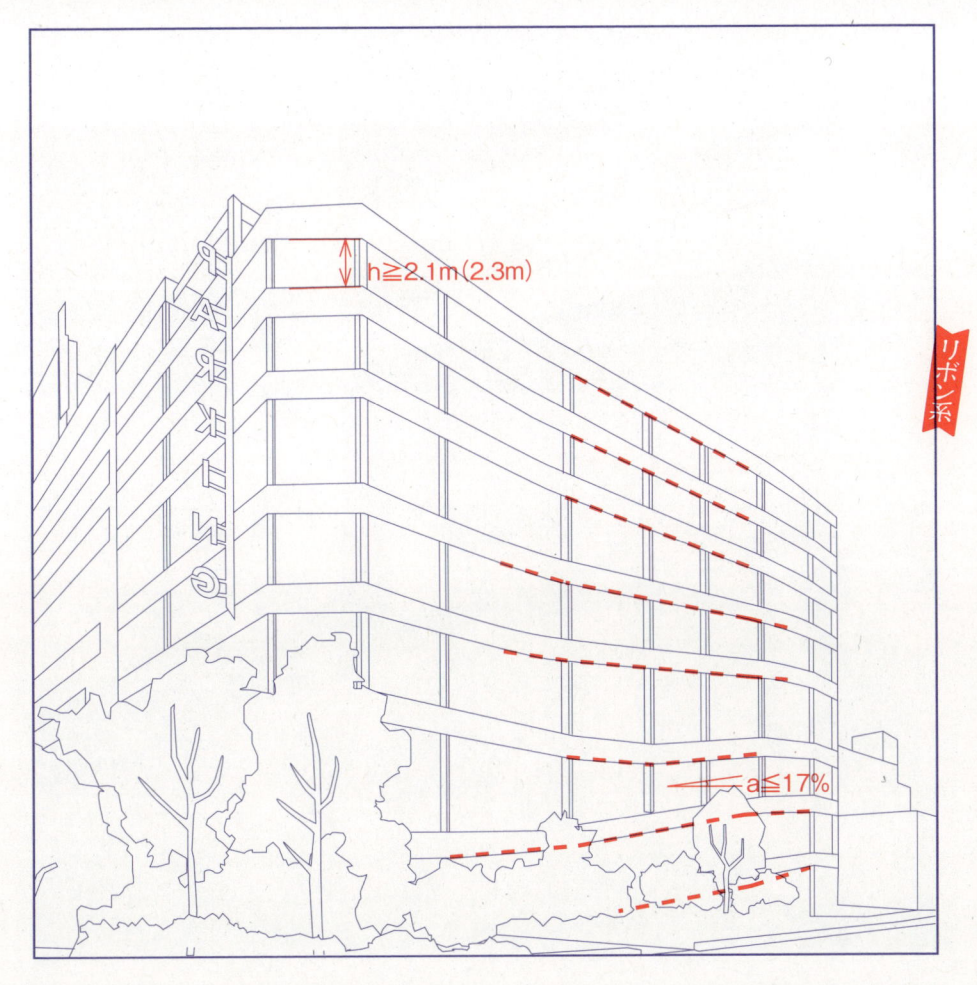

図中:
- h≧2.1m(2.3m)
- a≦17%
- リボン系

主用途	パチンコ店の駐車場
用途地区	商業地域
住　所	東京都大田区
法参照	駐車場法施行令第8条
法解説	駐車場法には勾配のほかに天井高や幅などの規定があります。天井高は梁の下端で計算され、車路部分で2.3m、駐車部分で2.1mとなっています。幅は対面5.5m、一方通行3.5m、人が通らない一方通行で、かつ料金徴収施設の設置場所では2.75mとすることができます。

超合法建築図鑑

36	terraced square 階 段 広 場

幅広の階段では3m以内ごとに中間の手すりを設けなければなりません。しかしながら、写真のように勾配の緩い階段ではその規定が免除されます。中間の手すりがあると利用者は勾配なりにまっすぐのぼるしかありませんが、何もなければ斜めにのぼるなどしてより勾配の緩いコースを選ぶことも可能になります。

リボン系

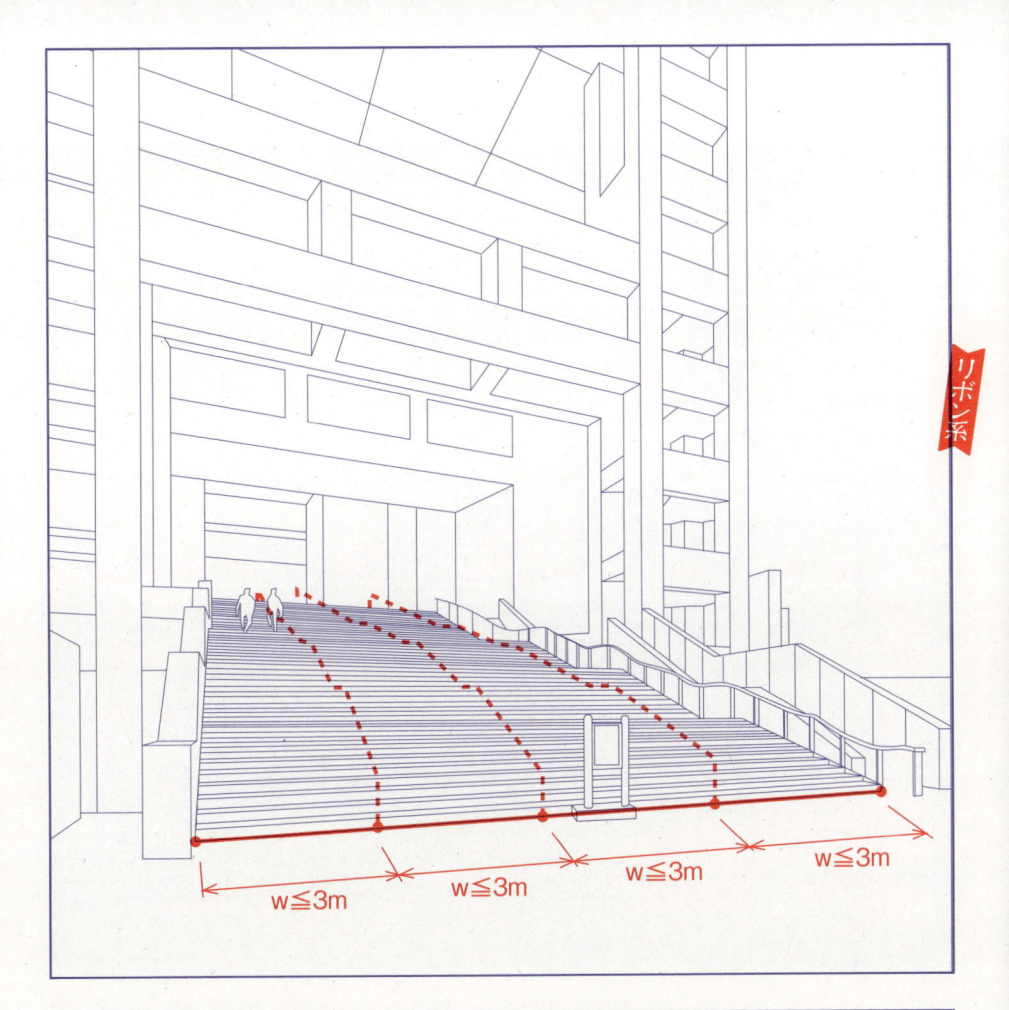

w≦3m　w≦3m　w≦3m　w≦3m

主 用 途	テレビ局
用 途 地 区	商業地域
住　　　所	東京都港区
法 参 照	令第24条、令第25条
法 解 説	高さ1mを超える階段には手すりか側壁またはこれに代わるものを設けなければなりません。またその階段の幅が3mを超える場合には、中間にも手すりを設けなければなりません。ただし、蹴上げが15cm以下で、かつ、踏面が30cm以上のものには不要です。

超合法建築図鑑

37	stepping apartment 階段マンション

建築物の高さは地盤面から測ります。地盤の高低差が3mを超える場合は3m以内ごとに設定することとなっているため、斜面に沿って階段状に地盤面を計画すれば絶対高さ制限を守ることができます。この場合一見7階建てのようですが、設定地盤面ごとには制限高さにおさまっているわけです。

リボン系

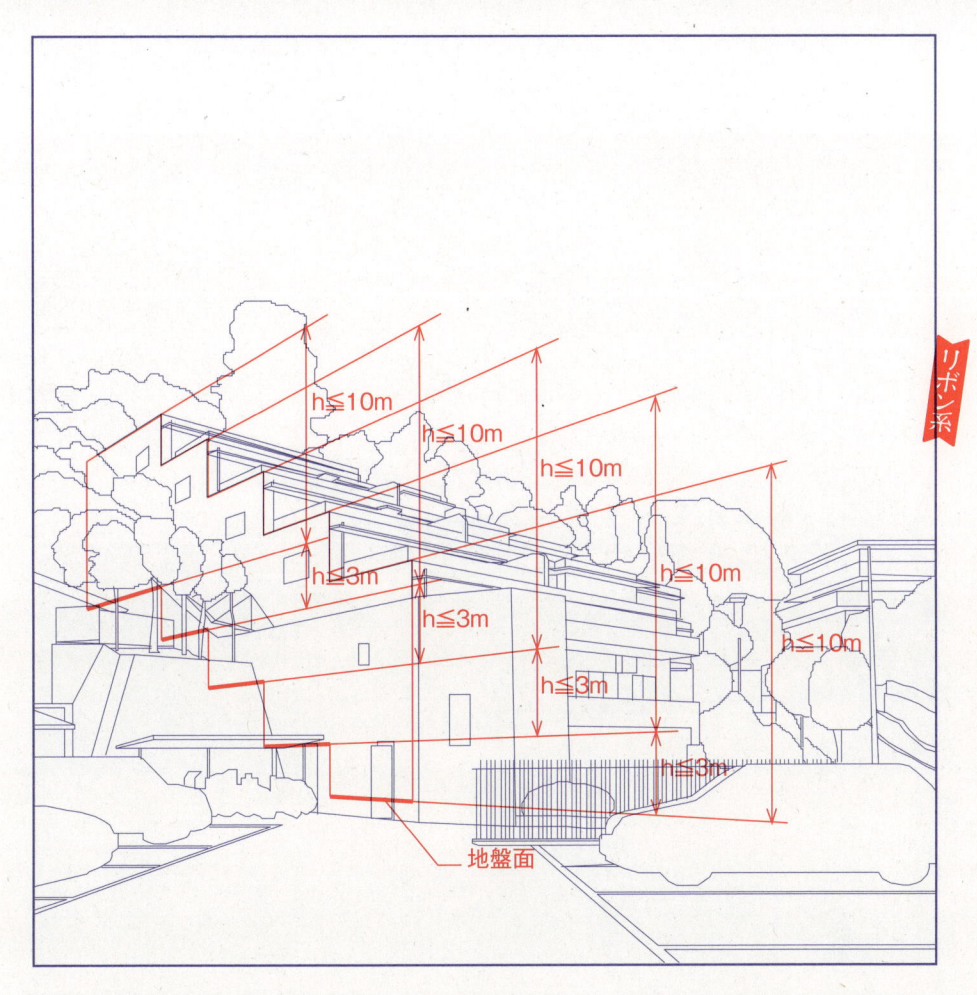

主用途	マンション
用途地区	第一種低層住居専用地域
住　所	東京都世田谷区
法参照	令第2条第2項、法第55条
法解説	第一種低層住居専用地域では、地盤面からの高さが10mに制限されます。そのとき、地盤面を階段状に計画できたとすると、同様に建物も階段状に計画することで高さ制限を遵守できます。ただし、もともと高低差が3mを超えていることが条件です。

	cantilever porch
38	キャンチ・ポーチ

ポーチ、バルコニーなどが建築面積に算入されるか否かはその形態によって決まります。外周から内側に１ｍの部分は建築面積から除外されるため、幅２ｍのポーチなら一切算入されないことになります。ただし柱で支えられている場合は原則的に算入されます。

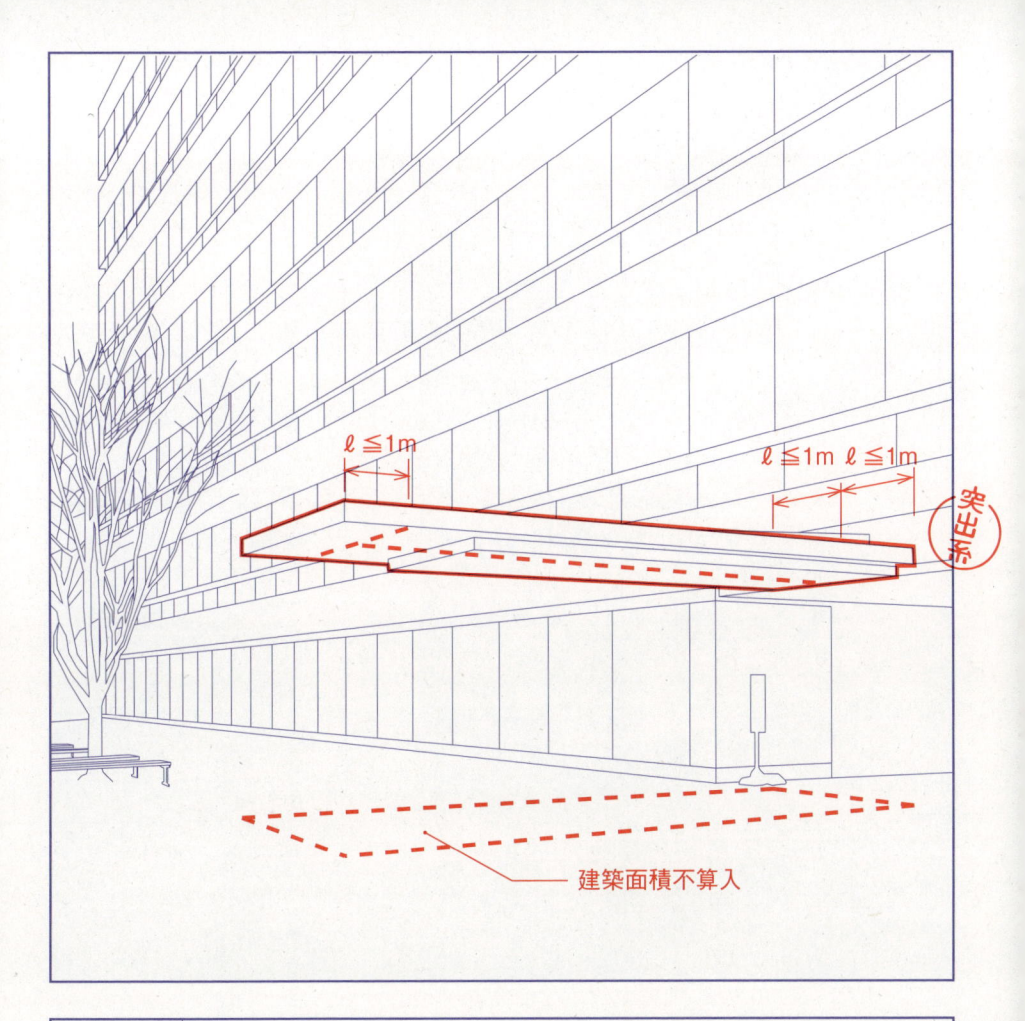

図中注記:
- $\ell \leq 1m$
- 突出系
- 建築面積不算入

主用途	病院
用途地区	第一種住居地域
住　所	東京都新宿区
法参照	令第2条第1項第二号、平成5年建設省告示1437号
法解説	柱で支えられたポーチでも外壁を有しない部分が連続して4m以上であること、柱の間隔が2m以上であること、天井の高さが2.1m以上であること、地階を除く階数が1であることなどの条件を満たした場合、建築面積からは除くことができます。

超合法建築図鑑

	Pinocchio balconies
39	ピノキオ・バルコニー

避難上有効とされるバルコニーの寸法は、ハッチを除く面積が2㎡以上、また奥行きの有効寸法が75cm以上とされています。屋内からバルコニーに通じる開口部の戸の幅は75cm以上ですから、実はこのように短辺で建物に接続することも可能です。

$s ≧ 2 ㎡$
$w ≧ 75cm$

突出系

主 用 途	オフィスビル
用途地区	商業地域
住　　所	東京都港区
法 参 照	『建築物の防火避難規定の解説』、令第121条第2項、第3項
法 解 説	避難上有効なバルコニーは道路または幅員75cm以上の敷地内通路に面していなければなりません。また避難ハッチやタラップなどでそれらに接続する必要があります。屋内からバルコニーに通じる開口部の戸は、幅のほかにも、高さ180cm以上、床面からの高さ15cm以下など細かい規定があります。

超合法建築図鑑

	pop-eyed windows
40	出目金窓

採光窓については、その窓から隣地境界線までの距離(D)と直上の障害物(障害物がない場合は建物の最高高さ)までの距離(H)から採光係数を求め、窓の面積に掛け合わせる必要があります。(D)は窓面に垂直な向きの距離を測るため、このように壁面から飛び出して角度をつけた窓が有効になる場合があります。

D,d=隣地境界線までの距離
D > d

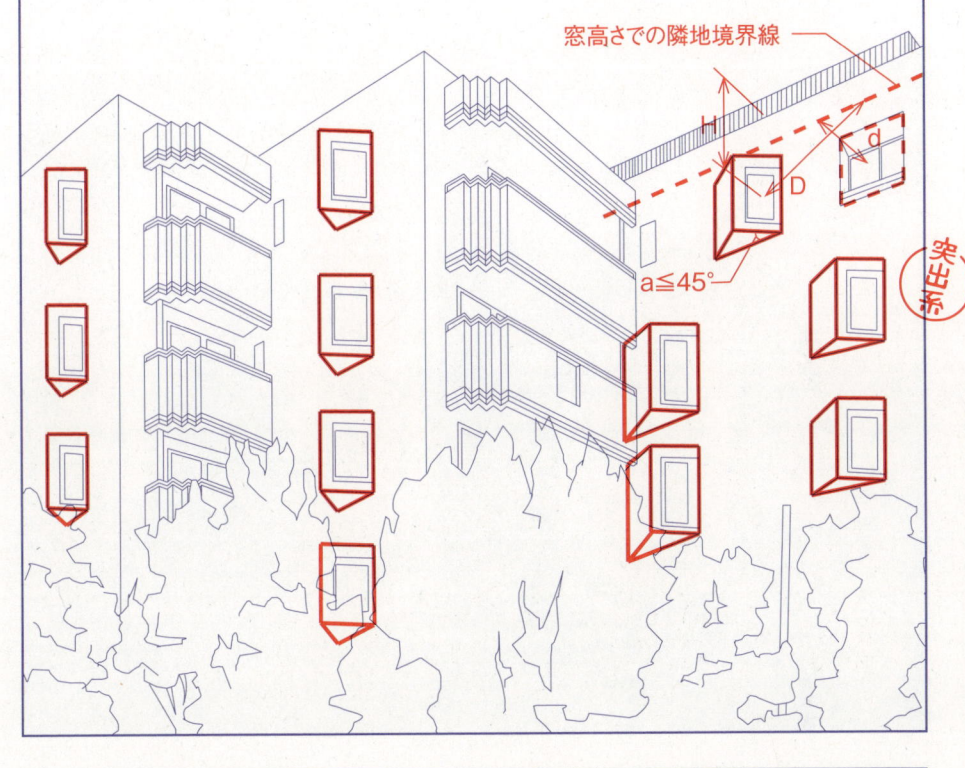

窓高さでの隣地境界線

a≦45°

突出系

主用途	マンション
用途地区	第二種住居地域
住　所	東京都渋谷区
法参照	法第28条、令第19条、令第20条
法解説	建築基準法は採光が必要な居室を定めており、たとえば住居系地域の場合、各窓について、採光係数A（D/H×6−1.4）と窓面積を掛け、その合計値が居室床面積の1/7以上でなければなりません。Dの確保のために窓に角度をつけた場合、壁から45度までとするのが通例のようです。

超合法建築図鑑

bay windows wall

41 出窓壁

一定の基準を満たす出窓は床面積や建築面積に算入されません。したがって出窓と壁の割合が逆転してしまったようなこの建物も、面積算定の基準はあくまでも壁の芯になっています。

主 用 途	オフィスビル
用途地区	商業地域
住　　所	東京都港区
法 参 照	令第2条、平成5年建設省告示1437号、建設省住指発115号
法 解 説	出窓は床面からの高さが30cm以上であること、周囲の外壁などから50cm以上突き出ていないこと、出っぱり部分の面積の1/2以上が窓であることなどの要件を満たした場合、通達によって床面積には算入されず、建築面積に関しても算入されないのが一般的です。

42	stop bar
	通せんぼう

法第42条第2項に定められた道路は、幅員が4m以上になるように順次拡幅する必要があります。両側の建物は、建て替えの際に後退することになっていますが、同じ通りに面していても後退時期はまちまちで、したがって写真のように電柱が取り残される事態も。

w=2m

道路中心線

突出系

主 用 途	電柱
用途地区	商業地域／第二種住居地域
住　　所	東京都渋谷区
法 参 照	法第42条第2項
法 解 説	略して「2項道路」とも呼ばれる幅員4m未満の道路に面している場合、建て替えの際には道路の中心線から2mの位置まで後退しなければならず、その部分は敷地面積にも算入されません。ちなみに道路の反対側に川などの拡幅不可能な要素がある場合は、拡幅可能な側だけで幅員4mを確保しなければなりません。

超合法建築図鑑

	morning glory
43	アサガオ

街並みを構成するのは竣工した建物ばかりではありません。工事中の建物にだっていろいろなルールが存在しています。写真には一般に「アサガオ」と呼ばれる落下防止用の柵が写っています。水平面から20度以上と定められ、常に上を向くためそう呼ばれるようです。

突出系

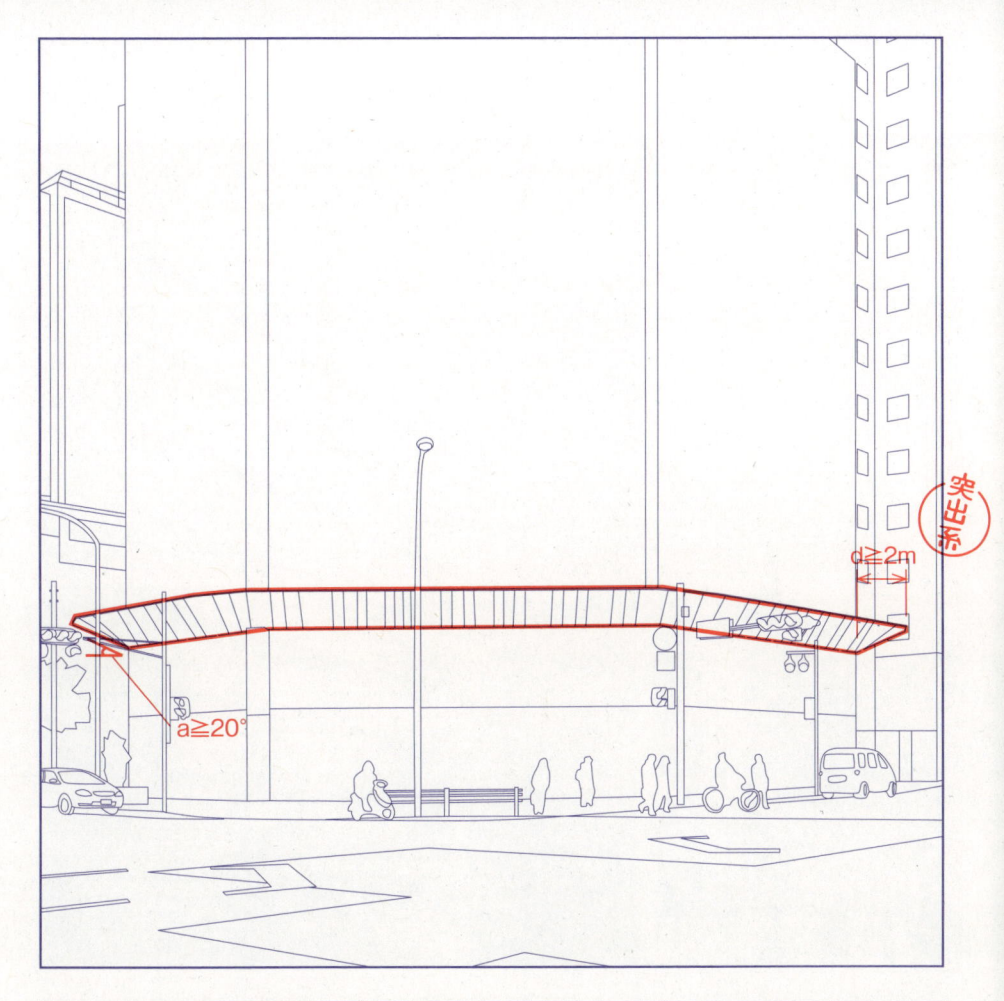

a≧20° d≧2m

主 用 途	工事用仮囲い
用途地区	商業地域
住 　 所	東京都新宿区
法 参 照	平成5年建設省経建発第一号
法 解 説	工事箇所が10m以上の高さにある場合、落下物に備えるための防護棚を設けます。厚さ1.5cmの木材と同等以上の性能を持つ材料で、連続的に骨組みの外側から2m以上飛び出し、水平面とのなす角度が20度以上になるようにします。

超合法建築図鑑

44	Ginza 2.0
	銀座 2.0

日本には珍しくスカイラインの揃った街並みで知られていた銀座ですが、1999年「銀座ルール」と呼ばれる地区計画の設定によって、それまで31mだった高さ制限が56mになり、800%だった容積率も1,100%まで緩和されました。

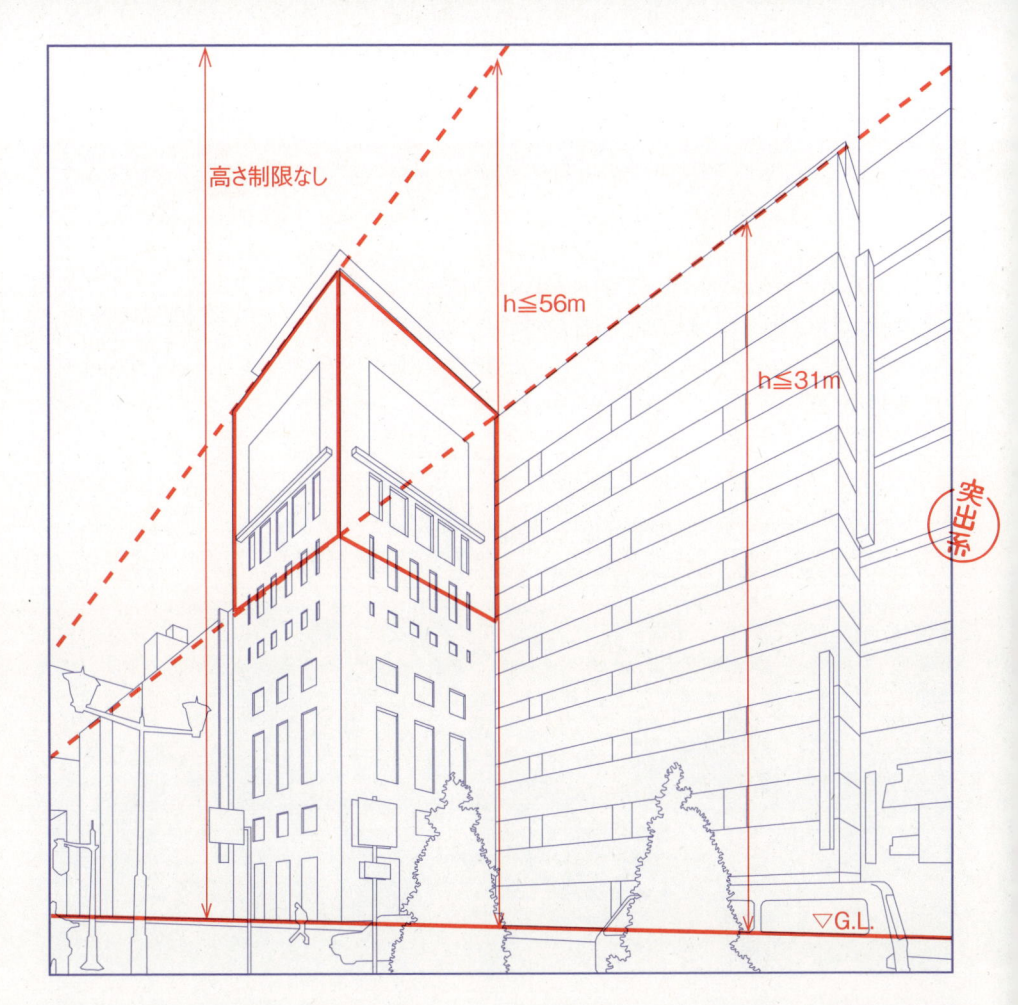

高さ制限なし
h≦56m
h≦31m
突出系
▽G.L.

主 用 途	商業施設
用途地区	商業地域
住　　所	東京都中央区
法 参 照	銀座まちづくりヴィジョン
法 解 説	「銀座ルール」制定間もない2002年、「都市再生特別措置法」による「緊急整備地域」に指定されたことで、「銀座ルール」は事実上無効に。56mに建ち揃う間もなく、現在では超高層化の計画が持ち上がりつつあります。

超合法建築図鑑

45	launching hotel 発射台ホテル

周囲より一際高いこの建物は、敷地内に公開空地を設けることで容積率の割り増しを受けています。前面道路を挟んで「忍ばず池」がひろがり、道路斜線規制を受けないこともあって、獲得した容積を高く積み上げることが可能に。絶品の眺望を得ることができました。

突出系

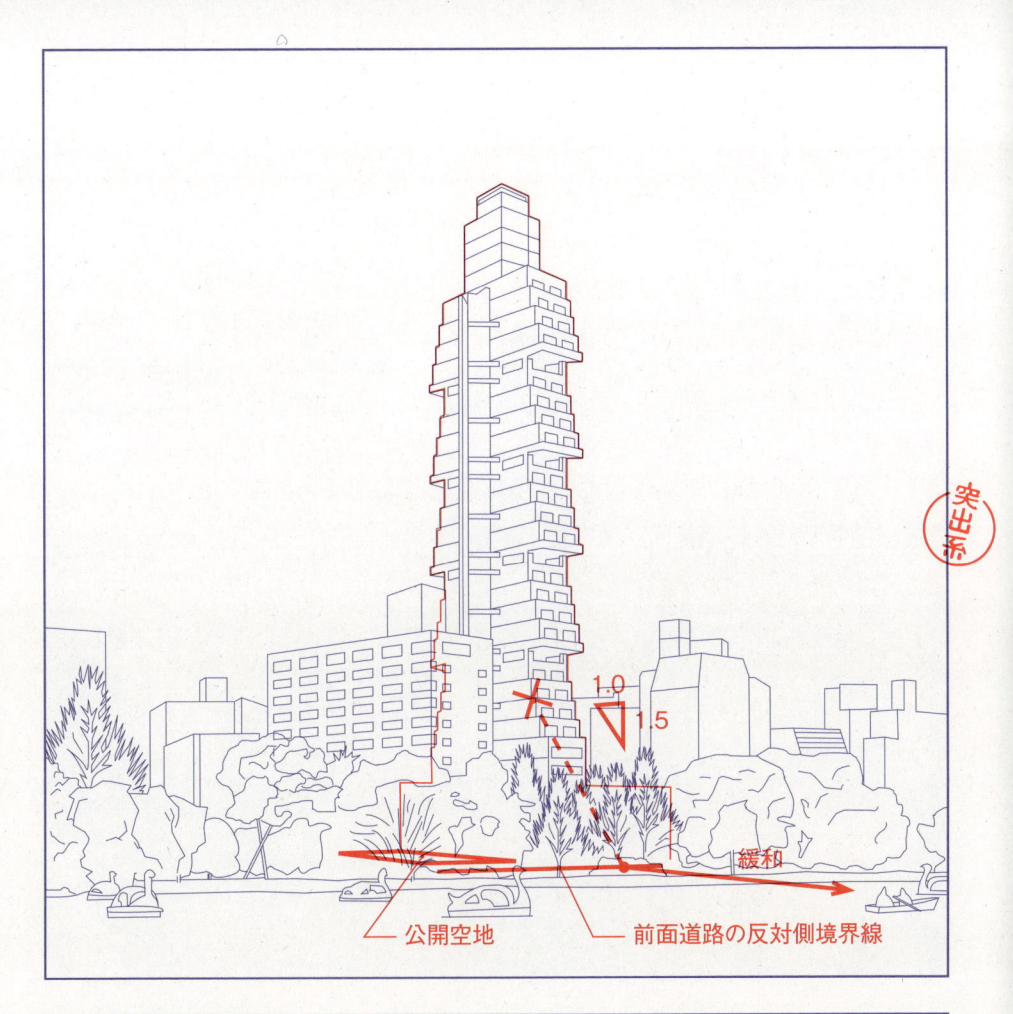

公開空地　前面道路の反対側境界線　緩和

主 用 途	ホテル
用途地区	商業地域
住　　所	東京都台東区
法 参 照	令第136条
法 解 説	総合設計制度とは、ある一定規模以上の敷地に公開空地などを設けることによって、容積の割り増しが受けられる制度です。これは土地が細分化し環境が悪化するのを防止する目的があります。

超合法建築図鑑

	park-side hotel
46	パークサイド・ホテル

目の前の公園によって道路斜線制限が緩和されたため、薄くて背の高いホテルが実現しました。結果、多くの客室から目の前の公園を見下ろすことができるようになっています。

1.0
1.5

突出系

緩和

前面道路の反対側の境界線

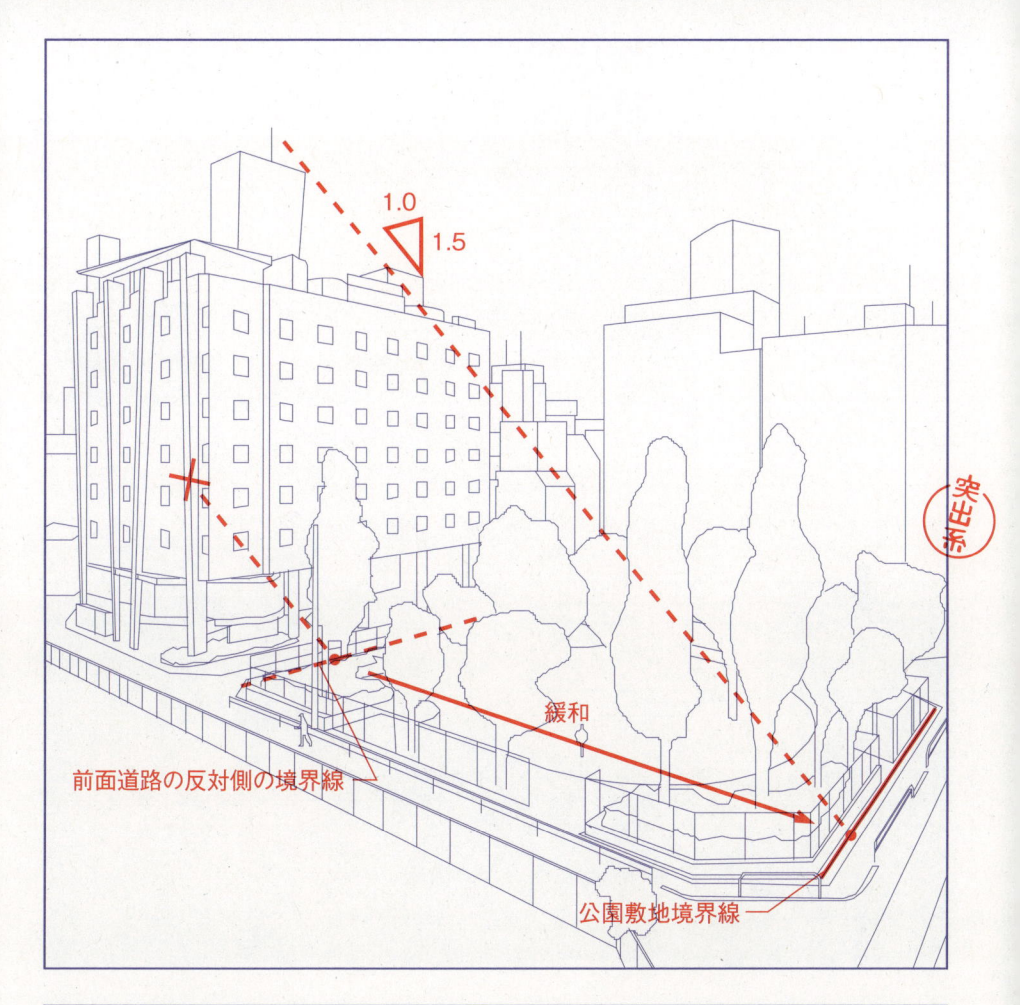

公園敷地境界線

主 用 途	ホテル
用途地区	商業地域
住　　所	東京都新宿区
法 参 照	法第56条第6項、令第134条
法 解 説	前面道路の反対側に公園、広場、水面などがある場合、道路斜線の起点は空地の反対側の境界線にあるものとみなすことができます。この敷地は2面以上の道路に面する場合の緩和も受けることができるので、広場に面していない道路の側にも斜面は現れません。

47	thick tower
	極太タワー

ある点から見上げたときの空の見える割合のことを天空率と言います。その割合が基準を満たせば建物は斜線制限を受けません。六本木ヒルズは天空率計算によって斜線制限を回避し、まれに見る広大な基準階平面を獲得しました。

突出系

前面道路の反対側の境界線

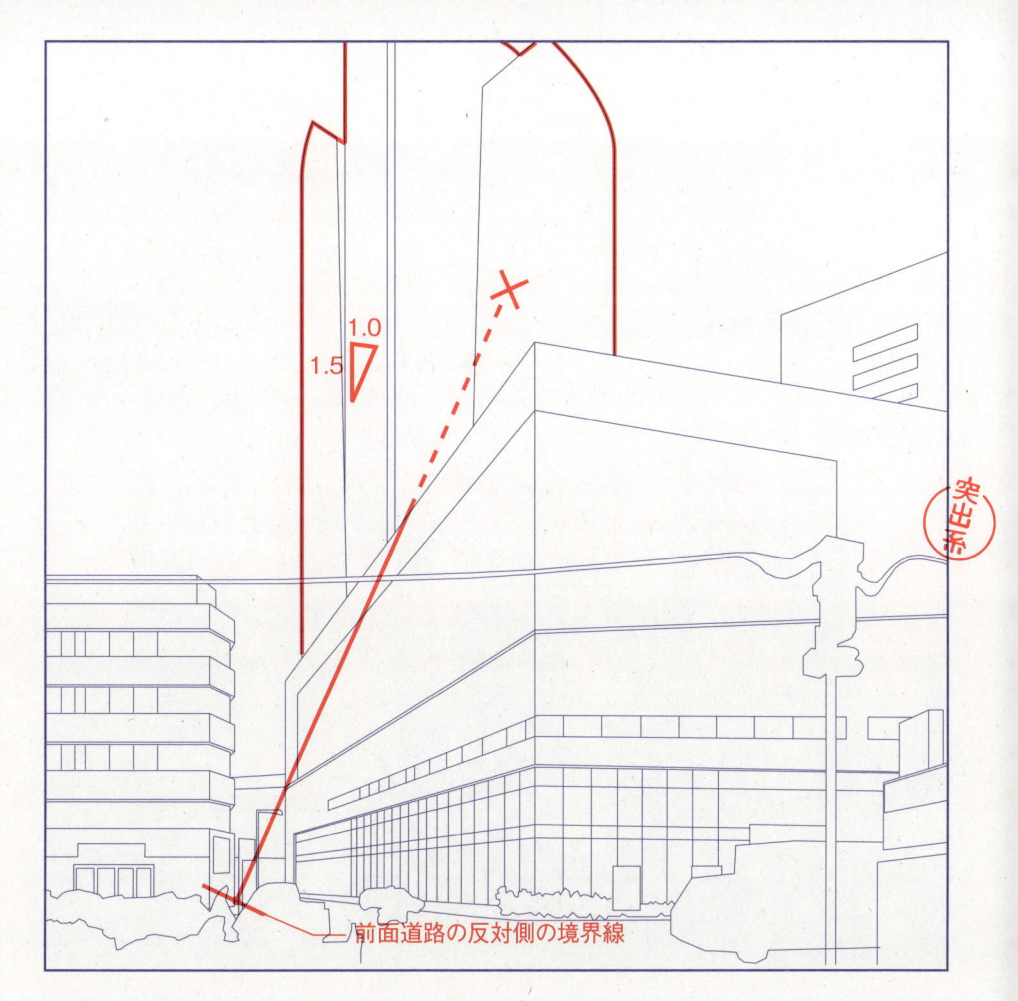

主 用 途	テナント、オフィス
用途地区	商業地域
住　　所	東京都港区
法 参 照	法第56条第7項
法 解 説	天空率は、各種斜線制限に代わる採光・通風確保のための新しい基準です。指定された点からの天空率を計算し、斜線制限いっぱいの容積を持つ建物よりもその値を大きくできるならば、建物は斜線制限を受けないことになります。ただし日影の規制をはずすことはできません。

超合法建築図鑑

48	figure building
	フィギュア・ビル

広告看板が屋上に設けられることが多いのは、高さゆえ視認性を高めることができるからだけではなく、看板が高さの規制を受けないことと関係しています。法規から考えても屋上は看板の定位置なのです。建物を体に見立てるようなこの広告は、この法則をうまく取り込んだ事例だと言えるでしょう。

高さに含まれない

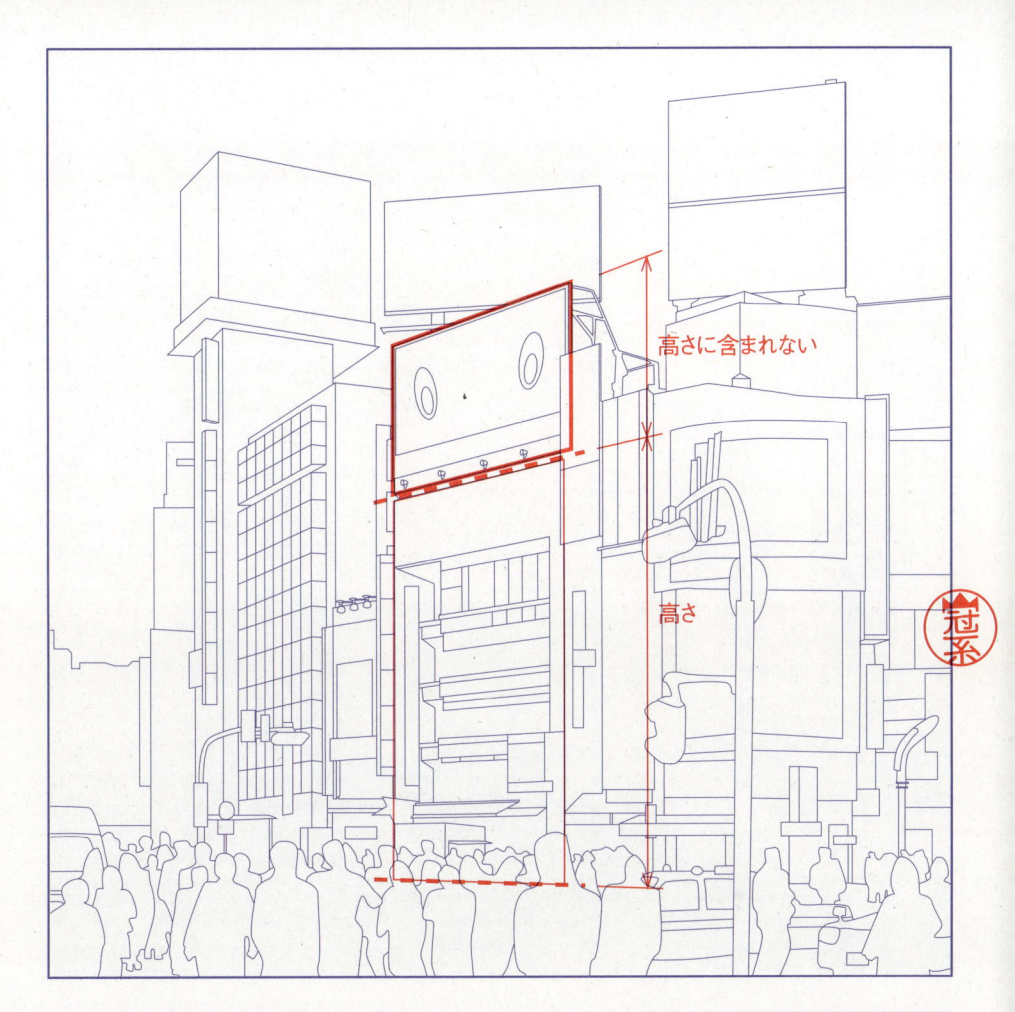

高さ

主用途	テナントビル
用途地区	商業地域
住所	東京都渋谷区
法参照	東京都屋外広告物条例別表第3第1項(2)第二号
法解説	東京都屋外広告物条例に定められる看板の建物本体に対する割合は2/3までと定められています。ただし合計が10m以下の場合はこの規定が適用されず、極端なケースでは3mの建物に7mの看板というプロポーションもあり得ます。

	billboard crown
49	冠看板

機械式駐車場の大きな壁面を利用することもできたはずなのに、看板はそのさらに上に載っています。東京では高速道路の路面から高さ15m以内の屋外広告が禁止されているため苦肉の策です。一方、阪神高速などにはこの制限がなく、路面すれすれに看板が立ち並んでいます。

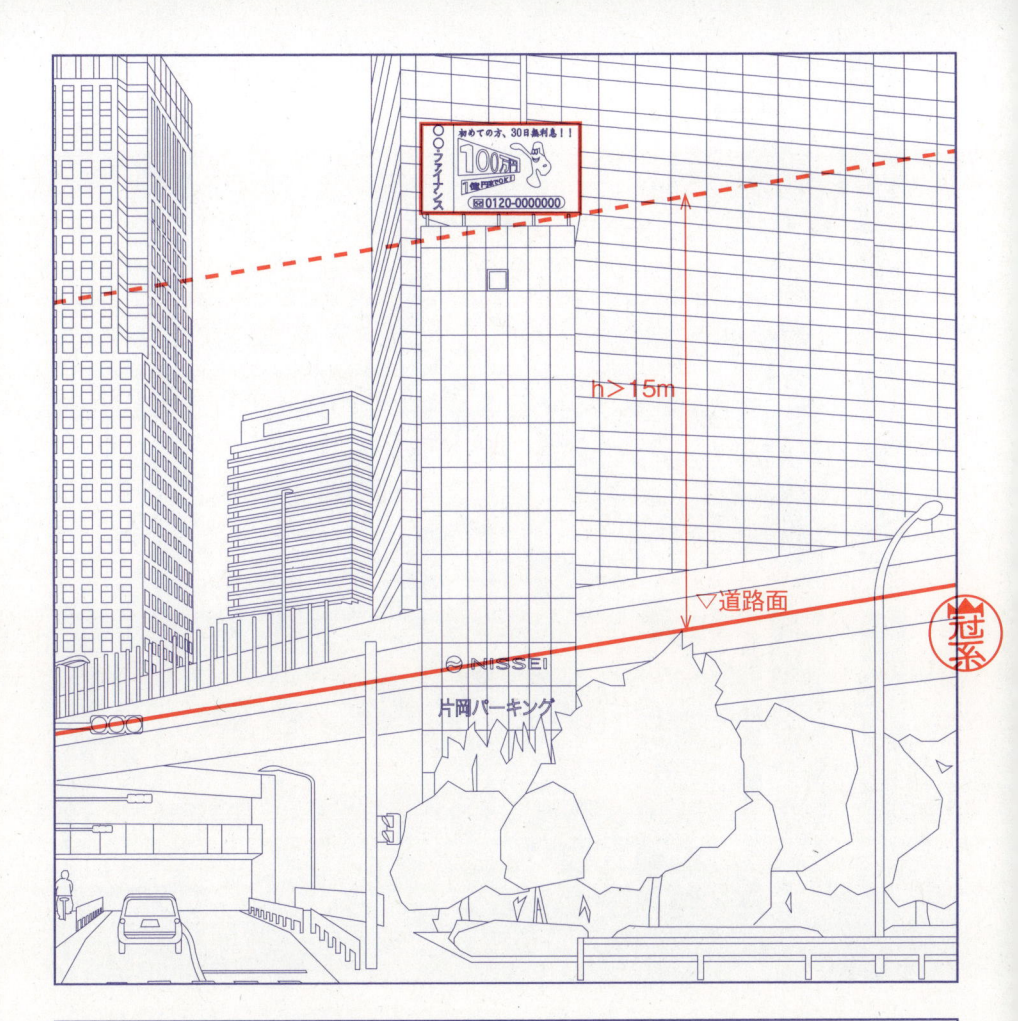

主 用 途	機械式駐車場と看板
用 途 地 区	商業地域
住　　　所	東京都千代田区
法 参 照	東京都屋外広告物条例第6条第11号、昭和62年東京都都市整備局告示151号
法 解 説	東京都の条例では、運転中の安全を確保するため高速道路に近い場所での屋外広告物の表示を制限しています。制限を受けるのは道路の両側50m以内の範囲で、路面から高さ15mの間には広告物を設けることができません。

50	bottle building
	ボトル・ビル

屋上にある塔屋は建物の高さに算入されないため、高さ制限による斜面から塔屋が飛び出し、建物全体を眺めてみるとボトルを想わせるような形状になっています。この建物が面する2本の道路の幅は大きく異なりますが、緩和規定をつかって等しく斜線制限を受けていることがポイントです。

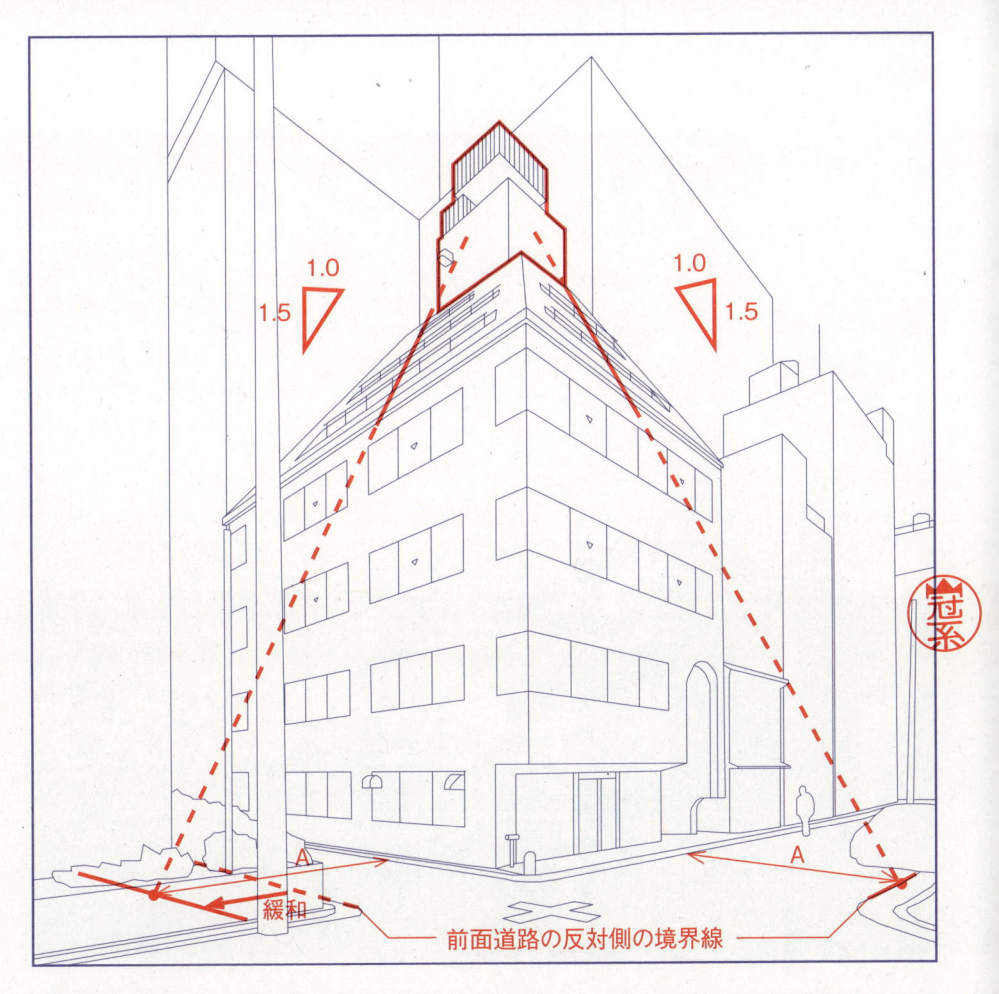

主 用 途	オフィスビル
用途地区	商業地域
住　　所	東京都港区
法 参 照	令第2条第1項第六号ロ
法 解 説	塔屋と呼ばれる屋上の階段室やエレベーター機械室は、その水平投影面積が建物の建築面積の1/8までの場合に限り建物の高さにも建物の階数にもカウントされません。ただし、塔屋の高さは12m(低層住居専用地域では5m)までに制限されています。

	topknot building
51	まげビル

これも「ボトル・ビル」と同じく塔屋の緩和条項による造形です。階段室等の塔屋が高さ制限を受けないための条件は「陸屋根部分の1/8以下」ではなく「建築面積の1/8以下」となっていますから、場合によっては陸屋根部分をはみ出すこともあり得ます。

$s \leq S \times 1/8$

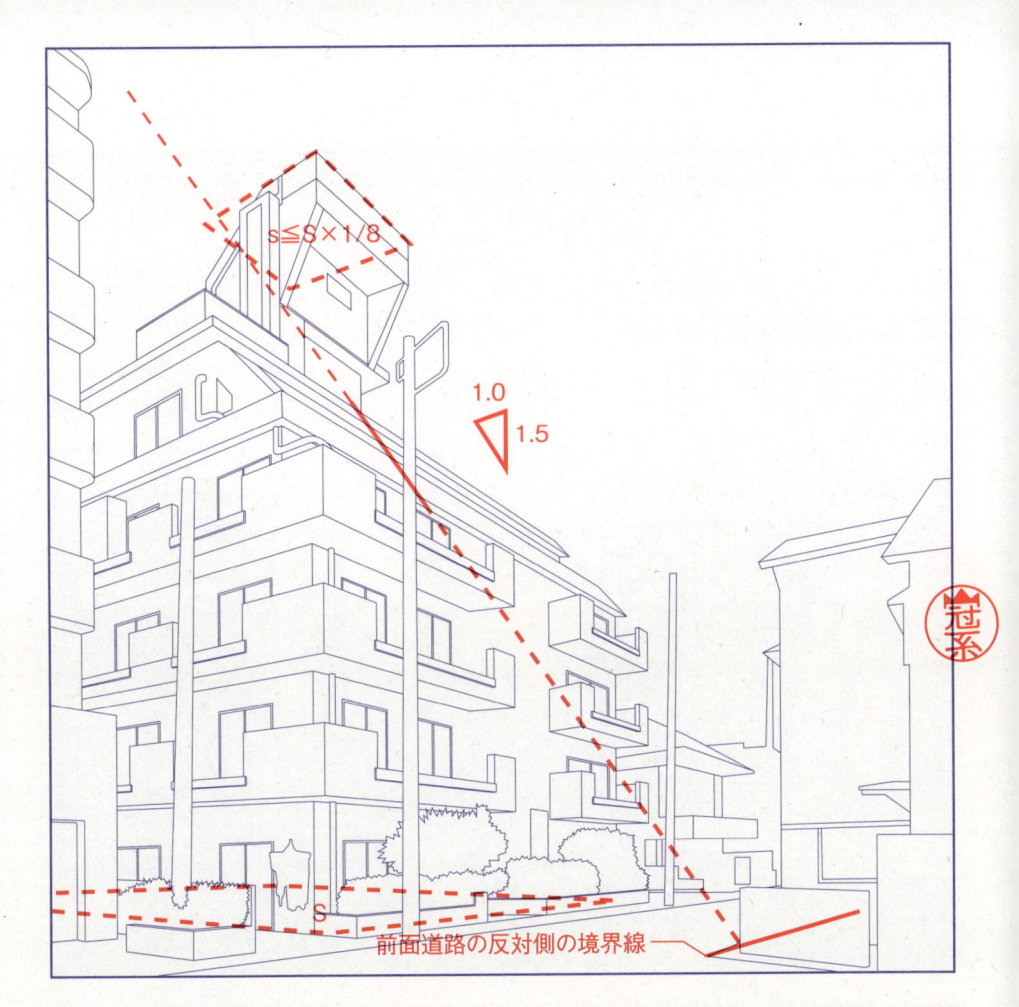

1.0
1.5

前面道路の反対側の境界線

主 用 途	マンション
用途地区	準工業地域
住　　所	東京都荒川区
法 参 照	令第2条第1項第六号ロ
法 解 説	緩和の条件には建築面積の1/8以下とあり、その位置は限定されません。したがって高さ制限によってできた斜面をつきやぶったり、のりかかったりしたものもよく見かけます。その場合はまず「塔屋」と認められるかどうかが鍵になります。

超合法建築図鑑

52	unicorn building
	ユニコーン・ビル

塔屋は高さにカウントされず斜線制限を受けないはずでは？ いいえ、塔屋であっても北側斜線に関してはその基準を超えて建物を建てることはできません。したがって北側に階段室を持ってくると屋上へのアクセスは限定されることになります。

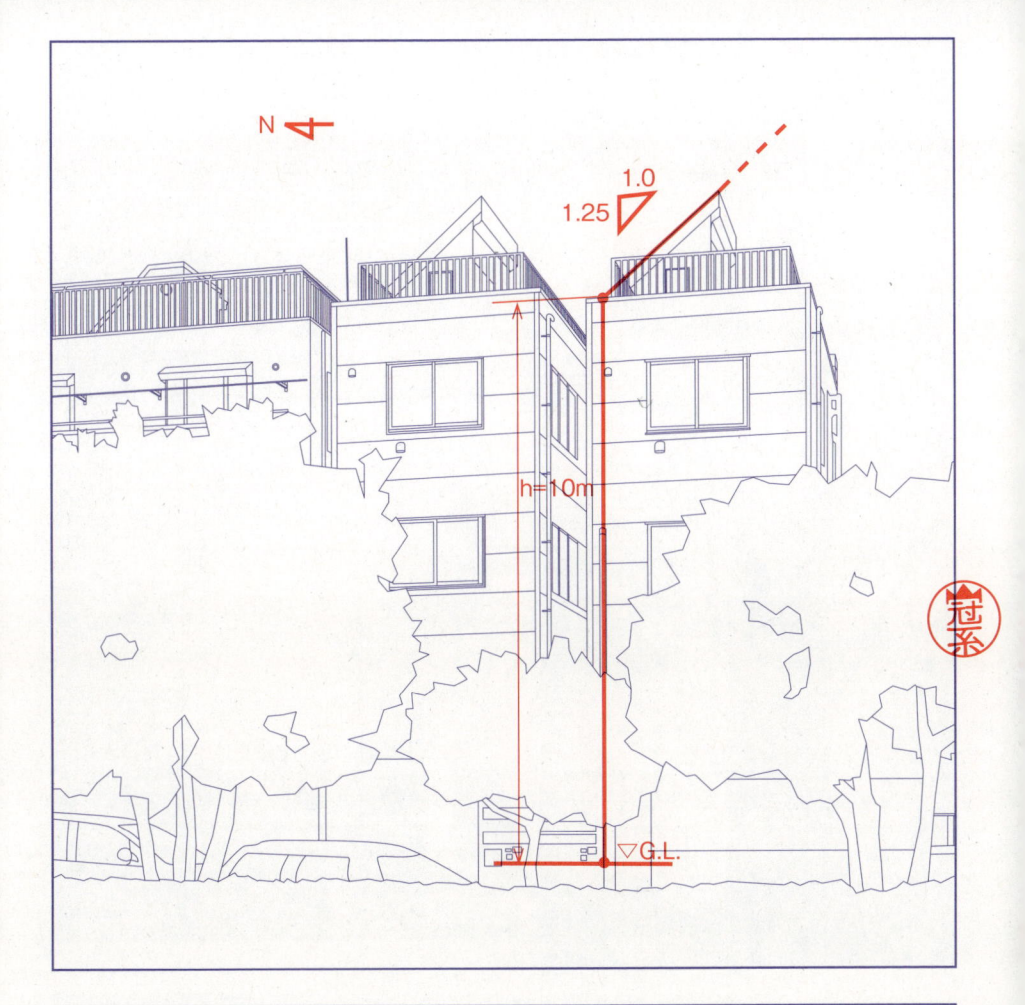

主 用 途	住宅
用途地区	第一種中高層住居専用地域
住　　所	東京都豊島区
法 参 照	令第2条第1項第六号ロ
法 解 説	屋上の階段室等については一定の条件のもとで斜線制限を受けないと書きましたが、これは道路斜線制限と隣地斜線制限に関してのみです。北側斜線制限に関しては、たとえ十分に小さくても制限の対象となりますのであしからず。

超合法建築図鑑

	toplight paradise
53	天窓天国

天窓を採光に有効な窓と考える場合、壁に開けられた窓の3倍有効とすることができます。したがって仮に壁にまったく窓のない6畳(約10㎡)の部屋があったとすると、約0.5㎡の天窓さえあれば、壁で1.5㎡以上の開口を確保して、開口部は部屋の床面積の1/7以上とるという基準を満たすのと同じことになります。

主 用 途	住宅、店舗
用途地区	商業地域
住　　所	東京都渋谷区
法 参 照	令第20条第2項
法 解 説	トップライトなど天井の採光上有効な部分の面積は壁に設ける窓に比較して3倍の面積を有するとみなせます。ただし、上に上階の屋根がかかる場合や、天井懐が深い場合などは適切に採光補正係数を算定し採光計算する必要があります。

	amusement park
54	屋上遊園地

百貨店の屋上。見慣れた光景ですが、これも法規の産物です。5階以上の階を百貨店の売り場とする場合、避難用に供することができる屋上広場を設けなければなりません。これは避難安全検証法などの性能設計によって安全が確認されても除外できない規定です。

▽屋上広場

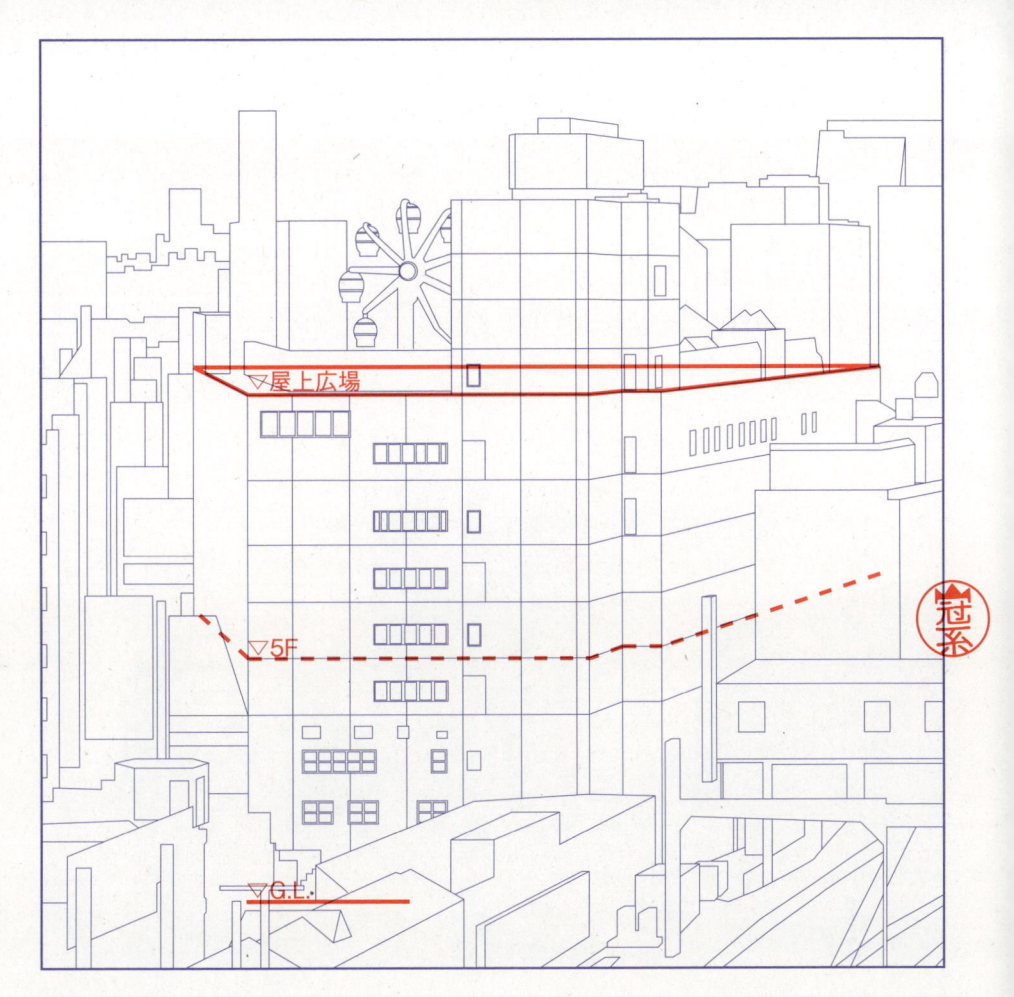

▽5F

▽G.L.

主 用 途	百貨店
用途地区	商業地域
住　　所	東京都大田区
法 参 照	令第126条第2項、令第107条
法 解 説	屋上広場の面積は、5階以上の階で床面積が最大の階の1/2以上の広さがあり、かつ特定避難階段に有効に通じる位置に設けなければなりません。なお避難上障害となる工作物等の部分は面積算定から除き、床版の耐火性能は1時間以上確保しなければなりません。

超合法建築図鑑

	giraffe building
55	キリン・ビル

幹線に沿って建つ薄くて高い建物を下から見上げていくと、なんと最上階には大きな箱が載っています。その様子はまるで細くて長い首を持つキリンのよう。これは日影規制による造形です。高層部の影は低層部に比べ早く動くため、同じ容積なら高層部へ振り分けたほうが近隣への影響が小さくなります。

▽h=G.L.+4m

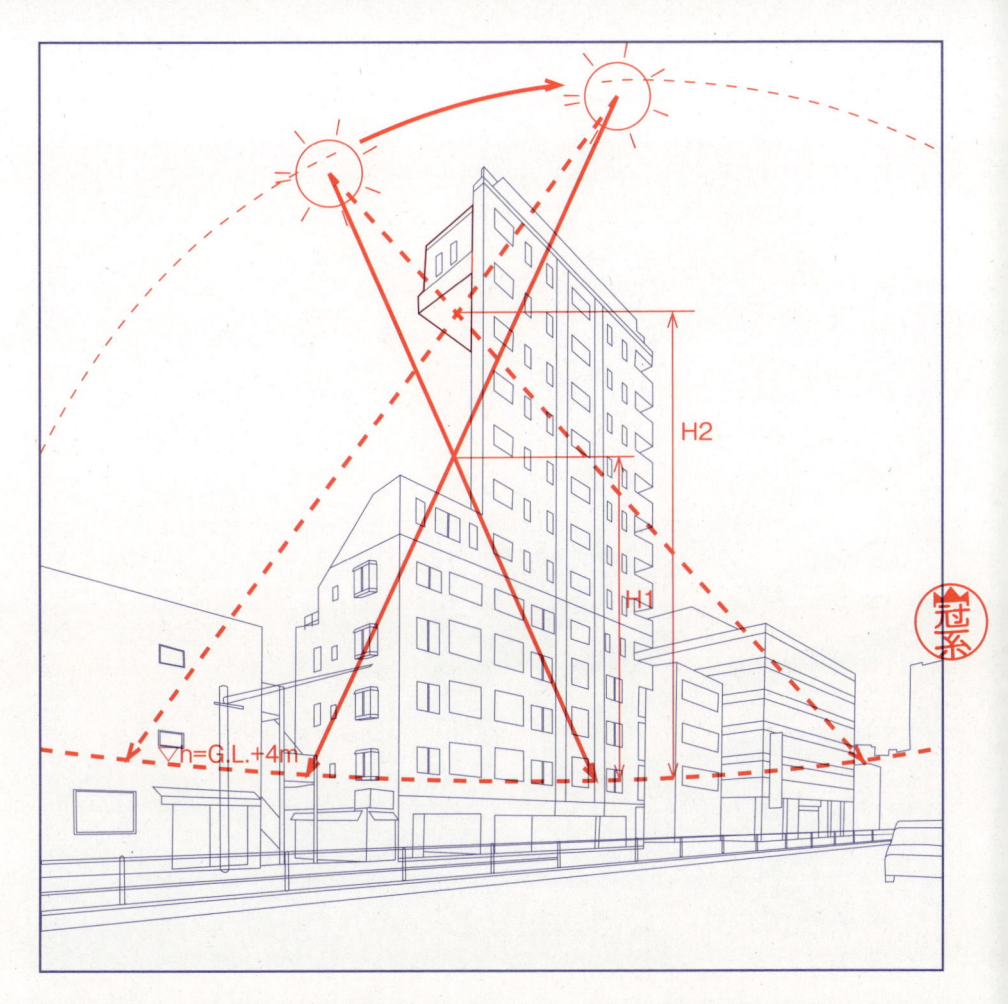

主 用 途	マンション
用途地区	商業地域／準工業地域
住　　所	東京都品川区
法 参 照	法第56条の2、法別表第4、令第135条の12、13
法 解 説	中高層建築物によって生じる影が周辺環境を悪化させぬよう日影規制があります。冬至日の8時から16時までの間に規制地域の一定の高さにある水平面に落ちる影が一定の時間以上にならないよう制限されます。影がとどまる時間の長さが問題で、影の大きさとは直接関係ないので、ときには写真のような解法が登場します。

超合法建築図鑑

56	body building
	ボディ・ビル

都心部に建つ超高層マンションにも足下が小さく肩幅の大きいデザインを見つけました。これも近隣への日影の影響を最小限にするため考えられたかたちです。斜線制限は上部を小さくする規制ですが、日影の場合その逆転が可能です。斜線制限は天空率計算によって緩和できるため、今後はこのマッチョなシルエットが増える？！

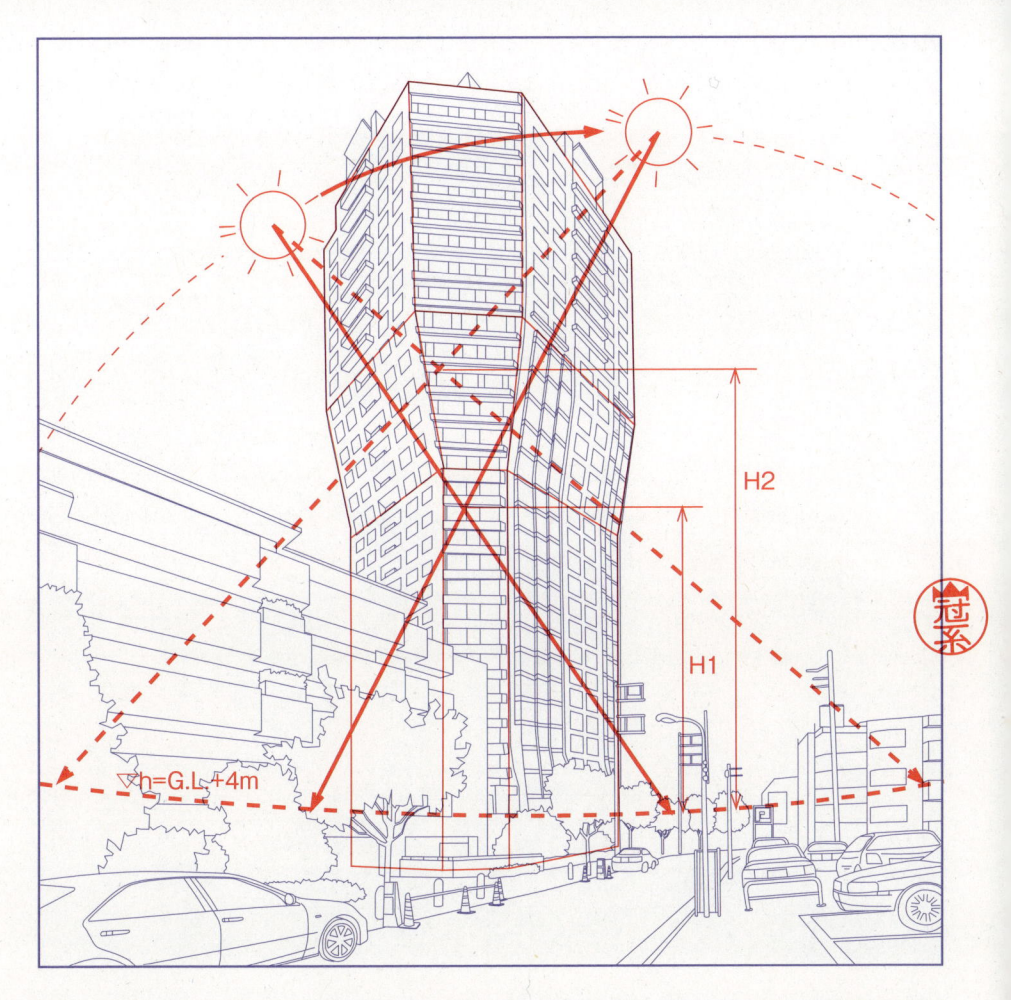

主 用 途	マンション
用 途 地 区	第一種中高層住居専用地域
住　　所	東京都港区
法 参 照	法第56条の2、法別表第4、令第135条の12、13
法 解 説	写真の物件は天空率計算によって斜線制限が緩和できるようになる以前の物件ですが、天空率物件と同じ特徴を備えていると言えます。天空率で日影規制をはずすことはできませんが、両者の組み合せがあたらしい街並みを生み出す可能性があります。

	guiding block patchwork
57	誘導ブロック・パッチワーク

誘導ブロックのパッチワーク。定められた場所では、線状または点状の誘導ブロックを組み合せて視覚障害者の歩行安全確保につとめなければなりません。ブロックの色は原則黄色ですが、床の色が白や薄いグレーの場合黄色以外の色を選択することができます。

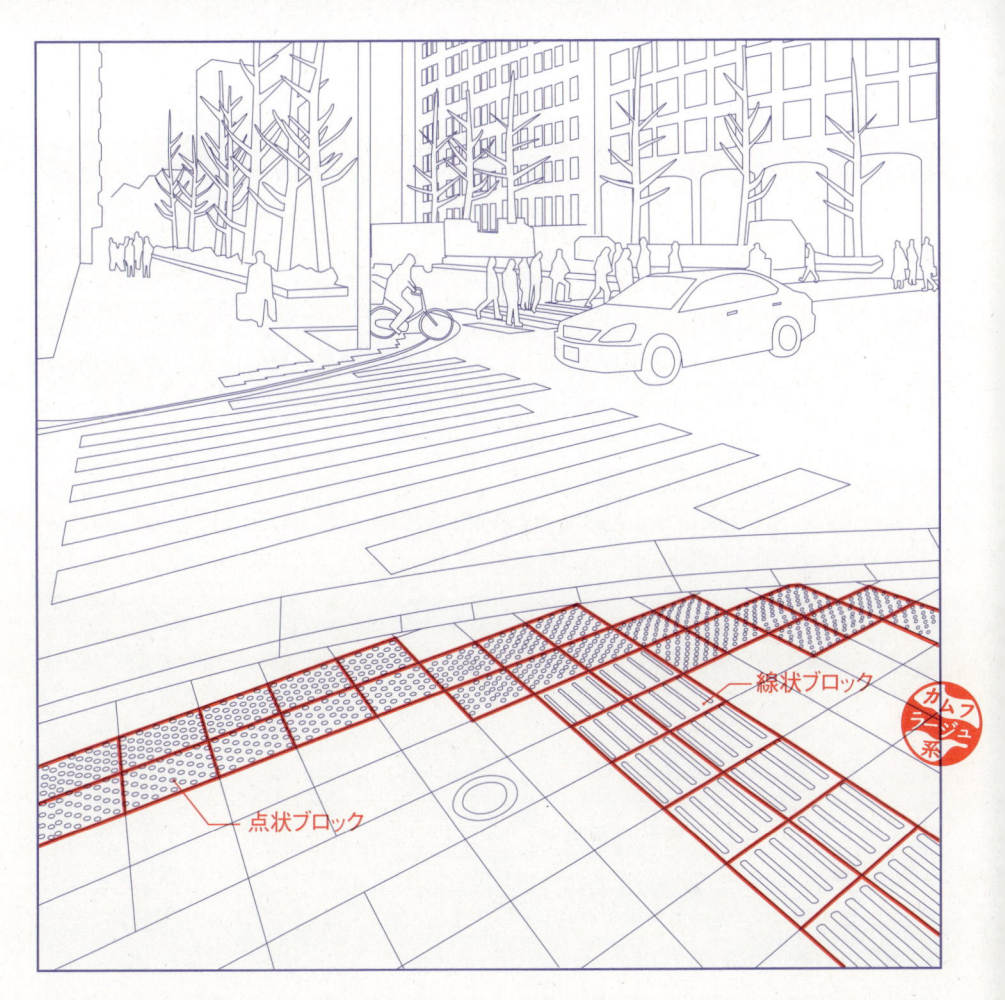

図中ラベル:
- 線状ブロック
- 点状ブロック
- カモフラージュ系

主用途	誘導ブロック
用途地区	商業地域
住　所	東京都中央区
法参照	道路の移動円滑化整備ガイドライン
法解説	たとえ黄色であったとしても、ほかの床仕上げ材との輝度比が低い場合、色弱者にとって見分けは容易でありません。ハートビル法に輝度比2.0以上が望ましいとの記述がありますが、道路では適用されないのが現状です。

超合法建築図鑑

	blindfold billboard
58	目隠し看板

斜線規制を受けない開放性の高い手すりだけでは十分なプライバシーを確保できない場合があります。目隠しのために用意されたのは植木鉢と看板。外壁と同じ仕上げが施されてはいますが、これは道路斜線規制を受けない看板なのです。下階の手すりの寸法を守ることで、ガラス窓、バルコニー、植木鉢と縦に並ぶリズミカルなファサードがつくられています。

前面道路の反対側の境界線

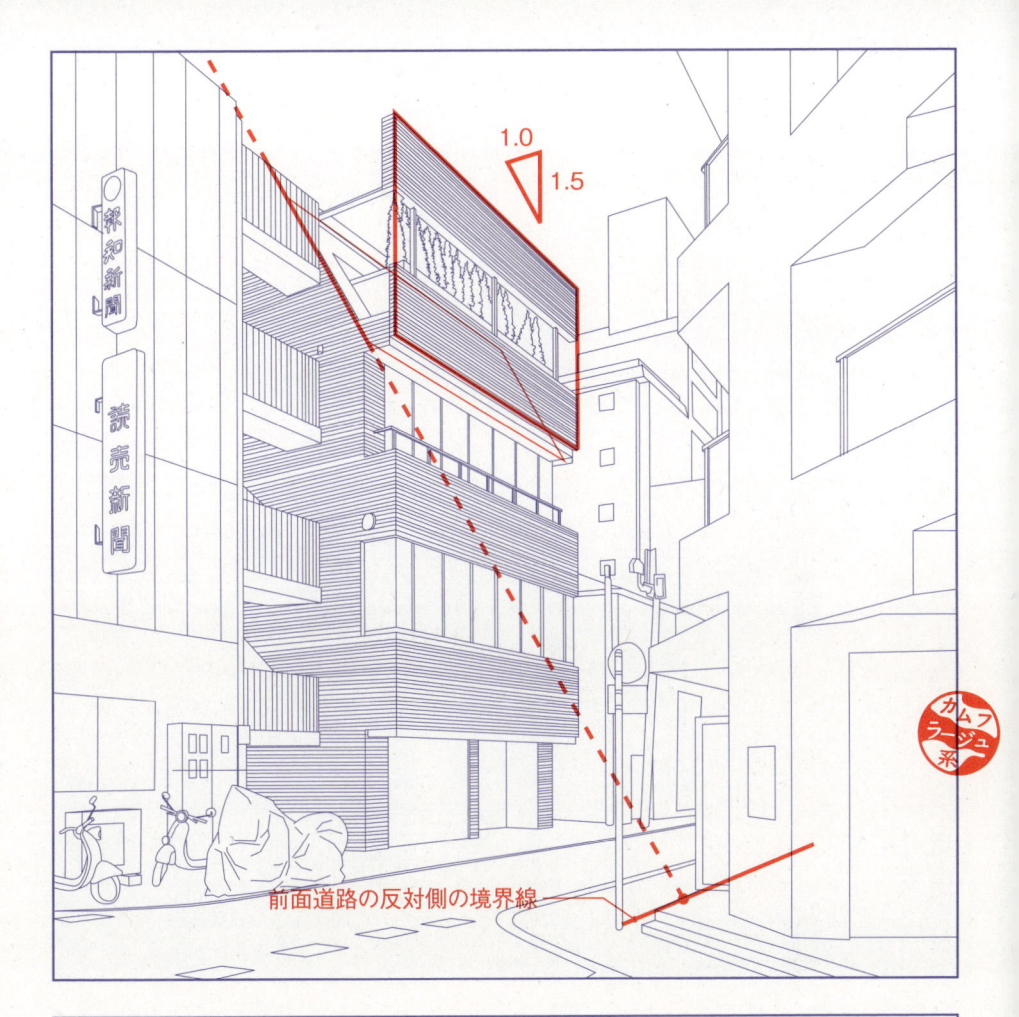

主 用 途	オフィス、住宅
用 途 地 区	近隣商業地域
住　　　所	東京都北区
法 参 照	令第2条第1項第六号ハ、法第56条第1項第一号
法 解 説	東京都屋外広告物条例は、鉄筋コンクリート・鉄骨造等の建築物の屋上に設置する広告物について、最高高さと、看板部分と建物本体との割合を定めています。それらをクリアすれば北側斜線以外の斜線制限によらず看板を設けることができます。

59	rooftop pad
	屋上パッド

こちらも看板が高さの制限を受けないことを利用して、建物をひとまわり大きく見せています。看板として建物本体からはかろうじて切り離されているものの、同じ材料で仕上げられ、同じピッチで窓が開き、一体であるかのように見せることを意図した意匠が施されています。

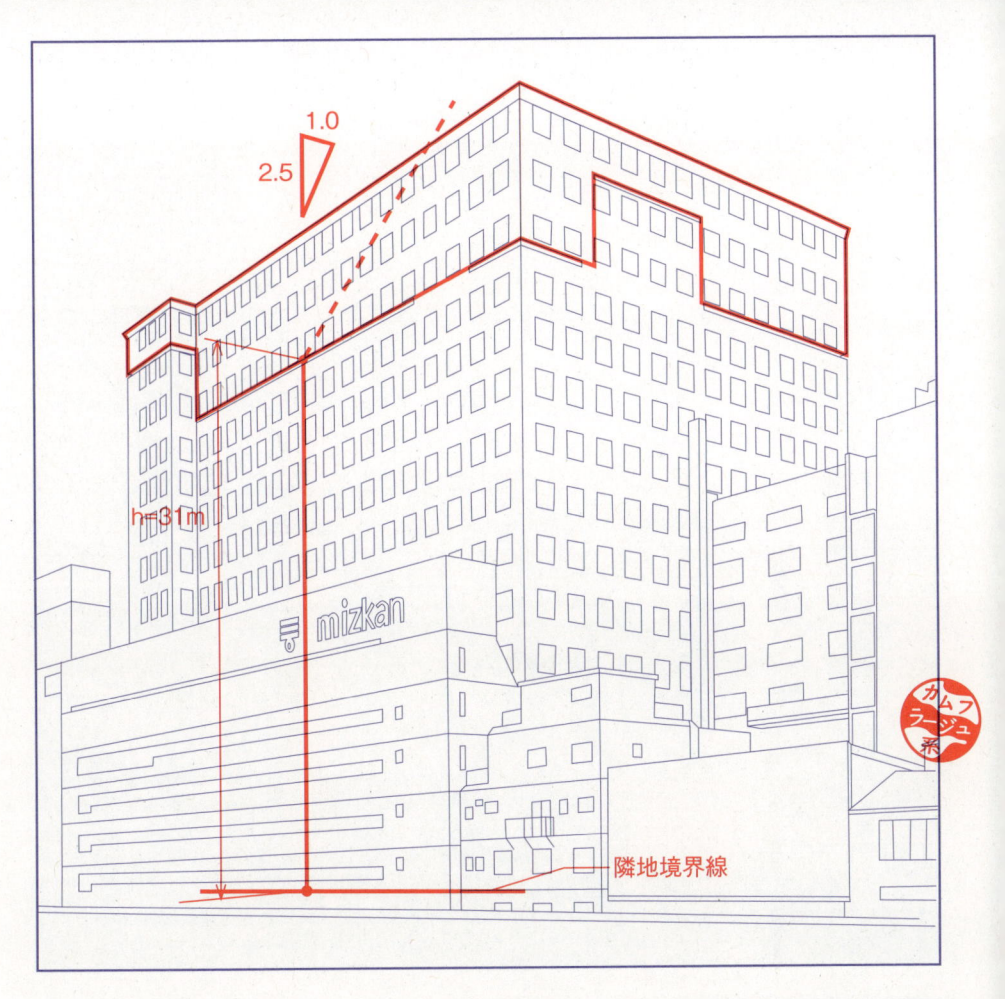

主 用 途	オフィスビル
用途地区	商業地域
住　　所	東京都中央区
法 参 照	東京都屋外広告物条例別表第3第1項(2)第二号
法 解 説	東京都屋外広告物条例によって高さ制限から除外される屋外広告物の上端までの高さは用途地域によって違います。第一種、第二種、準住居地域内では33m以下、その他(専用地域を除く)においては52m以下となっています。

60	smaller-face building
	小顔ビル

斜線規制によって削られた部分を隠すようにカムフラージュした例を見てきましたが、こちらは逆に、制限を受けないはずの部分にまで、受けた部分の斜線を反転し刻み込むことによって、一見ひとまわり小さい家型のようなシルエットをつくり出しています。

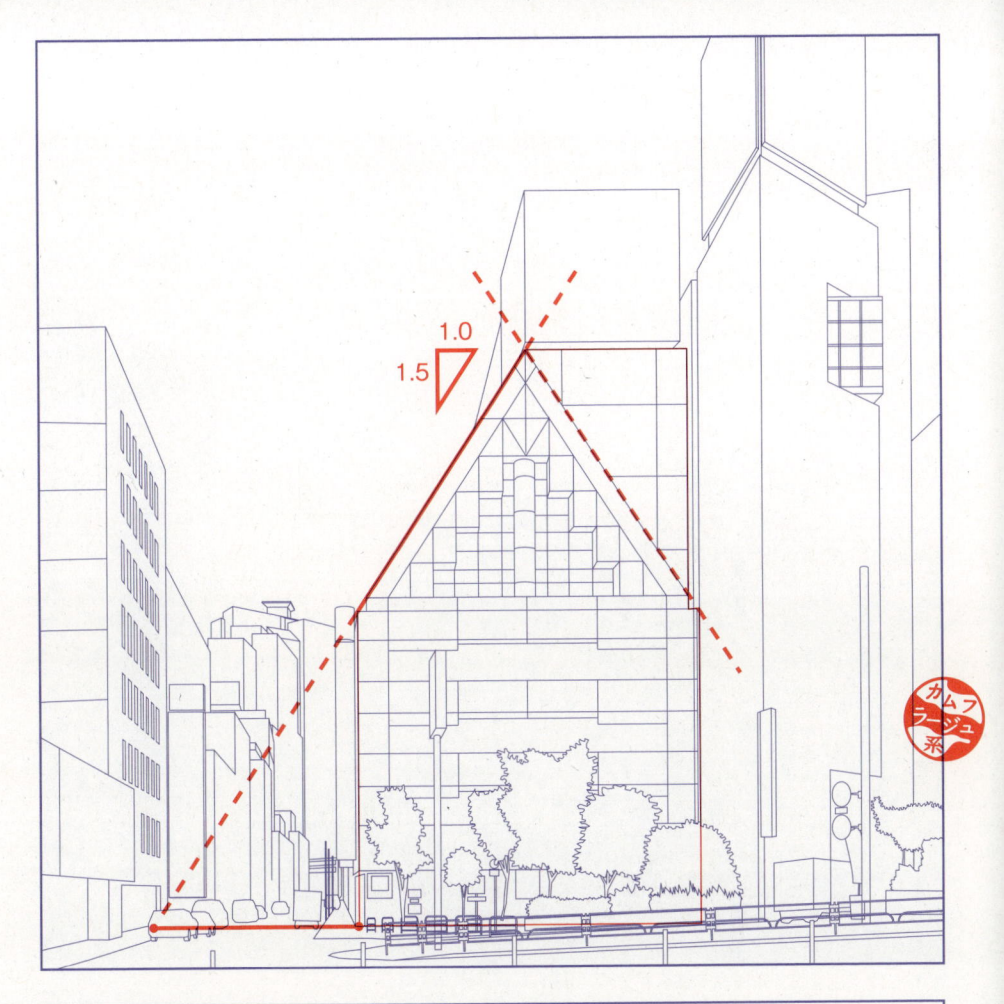

主 用 途	テナントビル
用途地区	商業地域
住　　所	東京都中央区
法 参 照	令第2条第1項第六号八、法第56条第1項第一号
法 解 説	法規によって生まれた形状を頭ごなしに否定し隠蔽するのではなく、逆に本来必要のない部分にまで適用することで目立たなくする高度なテクニックだと言えます。もとの斜面は道路斜線によるものです。

	barcode building
61	バーコード・ビル

この地域では、建築物の高さの最高限度が30mと条例で定められています。この建物は地上4階地下1階で容積率500％を使い切っており、高さ方向の余裕を利用して、階高を高くとったり、各階の間に設備の展開スペースなどを設けています。

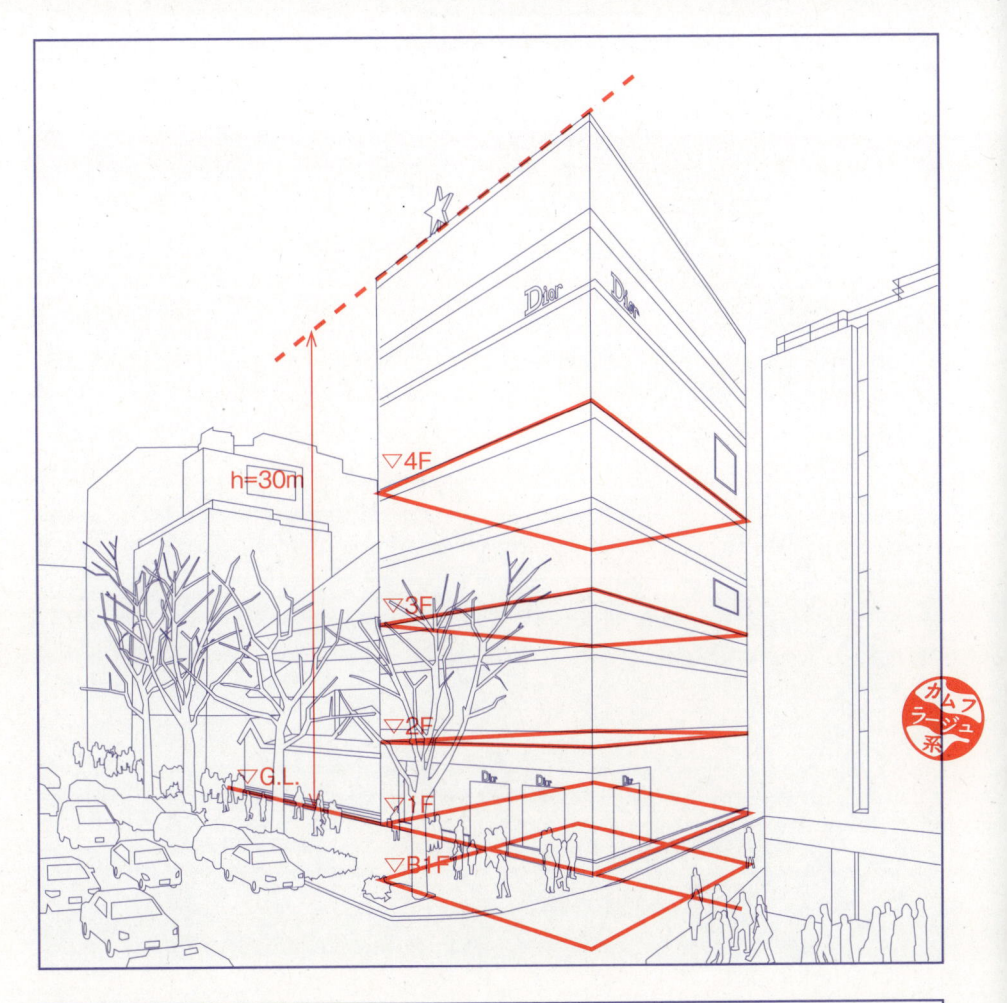

主 用 途	ブランドショップ
用 途 地 区	商業地域
住　　所	東京都渋谷区
法 参 照	法第52条、渋谷区地区計画の区域における建築物の制限に関する条例第4条
法 解 説	屋上の星形は装飾等屋上突起物として30mの制限から飛び出しています。東京都市計画表参道地区地区整備計画では、高さのほかにも建物の1階部分を店舗、飲食店、展示場など商業施設とするよう用途を定めています。

62	half story
	1/2階

小屋裏、天井裏などを利用した物置のうち、天井高が1.4m以下などの条件を満たす場合は階数に算入されず、したがって面積にも算入されません。写真はその条件をフル活用した商品化住宅の内観です。壁や床・天井の裏側にもうひとつ空間があるなんて男心をくすぐります。

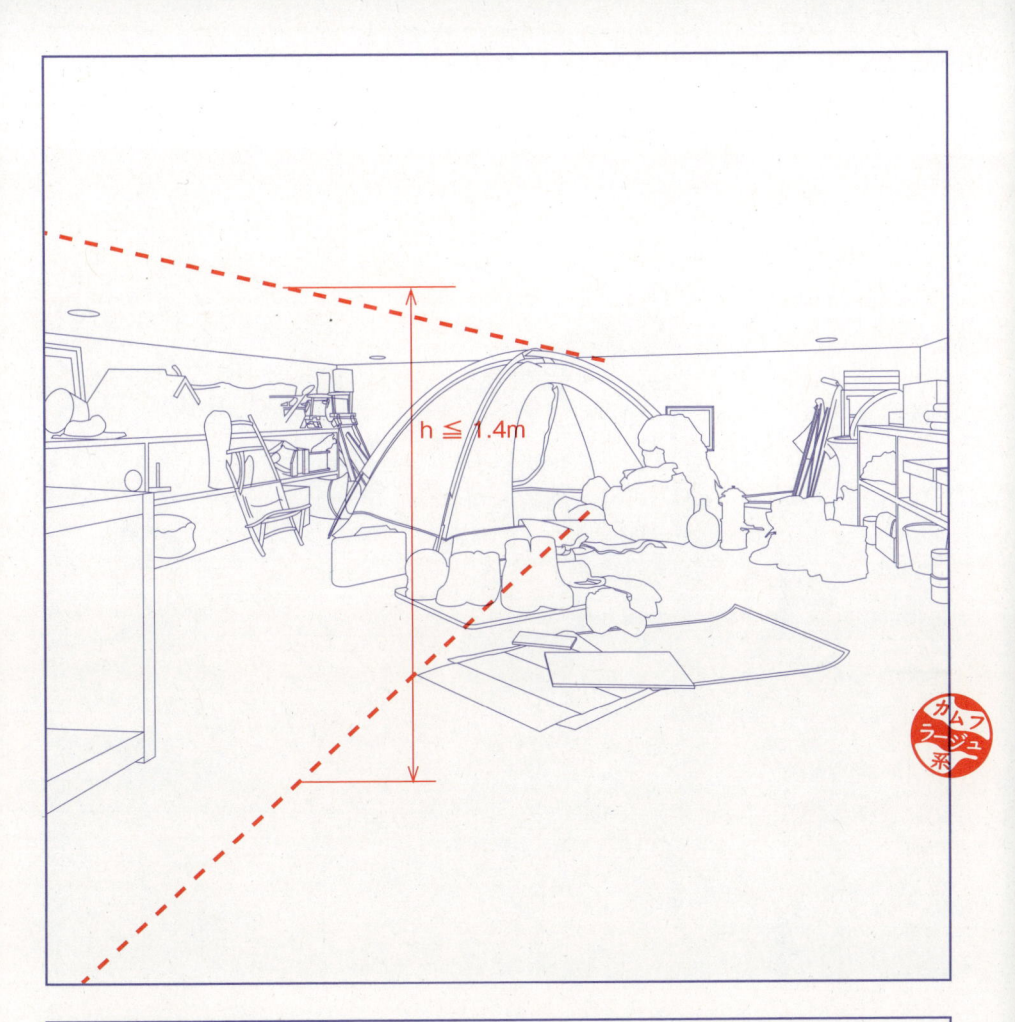

主 用 途	住宅
用 途 地 区	──
住 所	──
法 参 照	国土交通省告示1351号、建設省通知1.5.2
法 解 説	小屋裏、天井裏などに物置がある場合、その内法の高さが1.4m以下であり、面積がその階の1/2以下の場合に限り、階として扱われません。用途は収納に限定されますが、平成12年の通達により階段やはしごの設置には制限がなくなり、常設も可能になりました。

4/2 stories

63　4/2階建て

都心部であっても木造建築を建てることができるのは東京最大の不思議かもしれません。もちろん規模が大きくなればその構造や仕様は厳しい制約を受けます。写真の建物は一見4階建てのようですが実際は2階建て。窓際に2段ベッドが並ぶため各階2層の窓を設けているようです。

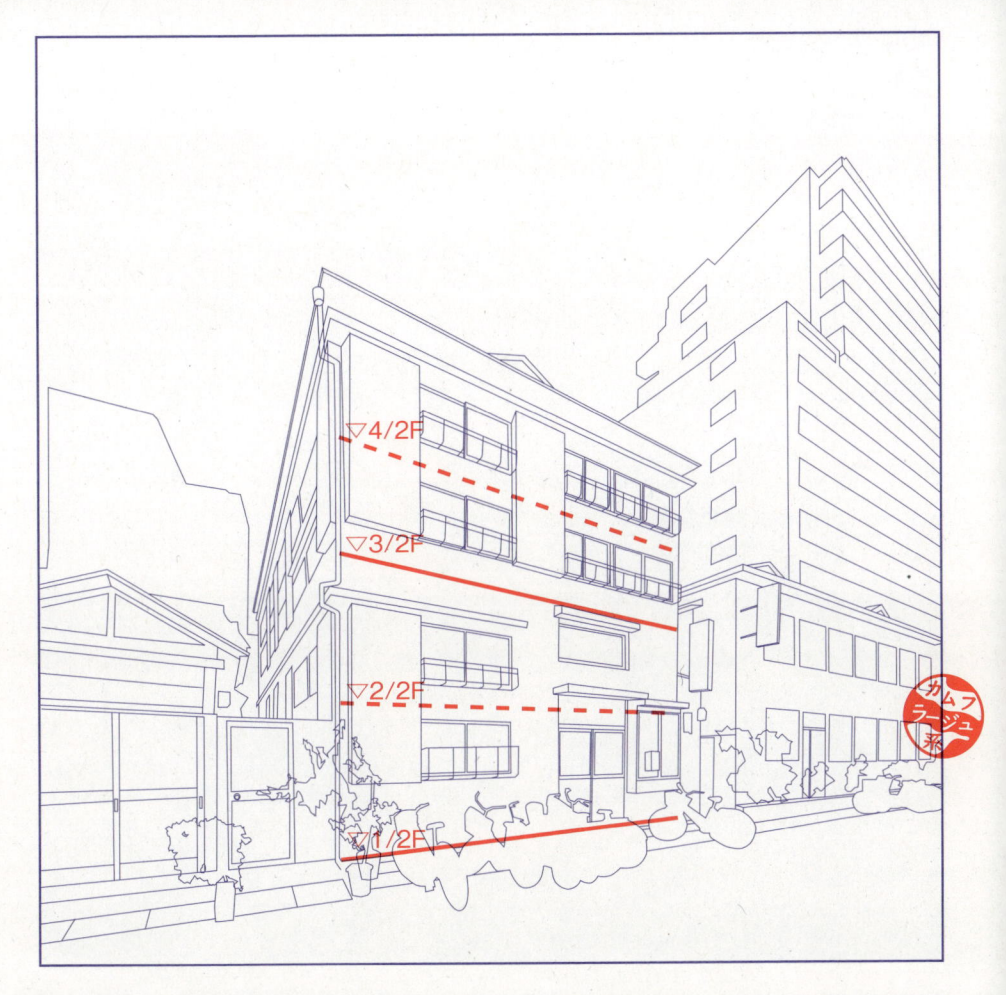

主 用 途	簡易宿泊所
用途地区	近隣商業地域
住　　所	東京都台東区
法 参 照	令第129条の2の3
法 解 説	高さが13m、軒の高さが9mを超えるもの、あるいは延べ床面積が3,000㎡を超えるものなどは、耐火構造の基準に適合させるなど厳しい制約がありますが、それでも木造が完全に否定されるわけではありません。

64	road park
	ロード・パーク

道路にはさまざまな定義があります。すべての道路がアスファルトで舗装されているわけではないように、アスファルトで舗装されているからと言って道路とは限りません。写真は古い道路が舗装もそのままに公園として使われている例。面する建物に道路斜線はかかりませんが、接道は認められません。

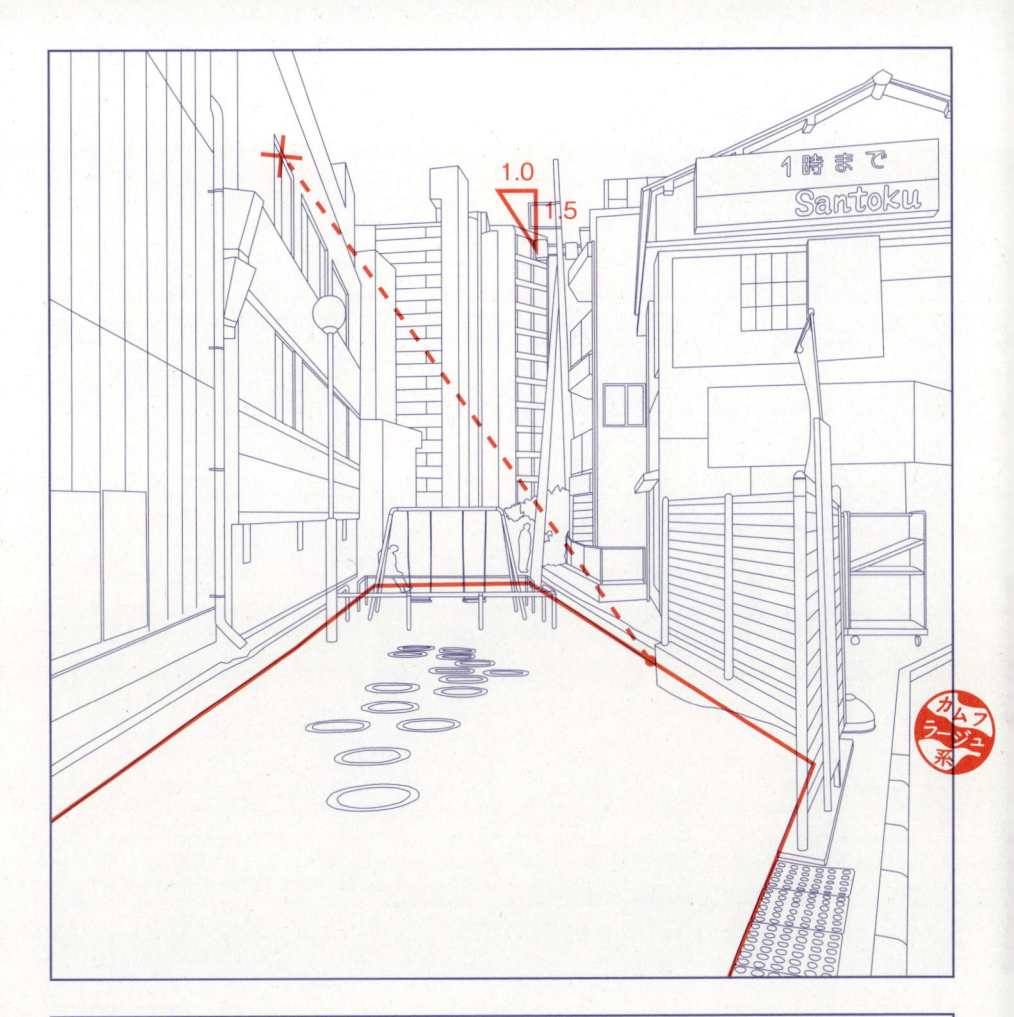

主 用 途	公園
用途地区	商業地域
住　　所	東京都新宿区
法 参 照	法第42条
法 解 説	道路には以下のような定義があり、写真はどれにも当てはまらないことになります。(1)道路法による道路。(2)都市計画法による「開発許可」を受け完成した道路。(3)その地域が都市計画区域に入った時点で現に存在していた道路で幅員が4m以上のもの。(4)道路位置指定を受けた道路。(5)その他県などが指定した道路。(6)都市計画区域に編入された時点で現に建築物が建ち並んでいる道路で、幅員が1.8m以上4m未満のもの。

eternal alley

65 不滅路地

計画的に形成された格子状の街並みを持つ月島ですが、路地は現行の法規が規定する幅員4mに足りません。したがって、このままでは建て替えの際にセットバックしなければなりません。しかし月島では、道路を廃止して一団地認定を受けることで街並みの維持にのりだしました。写真の道路も道路ではないことになります。

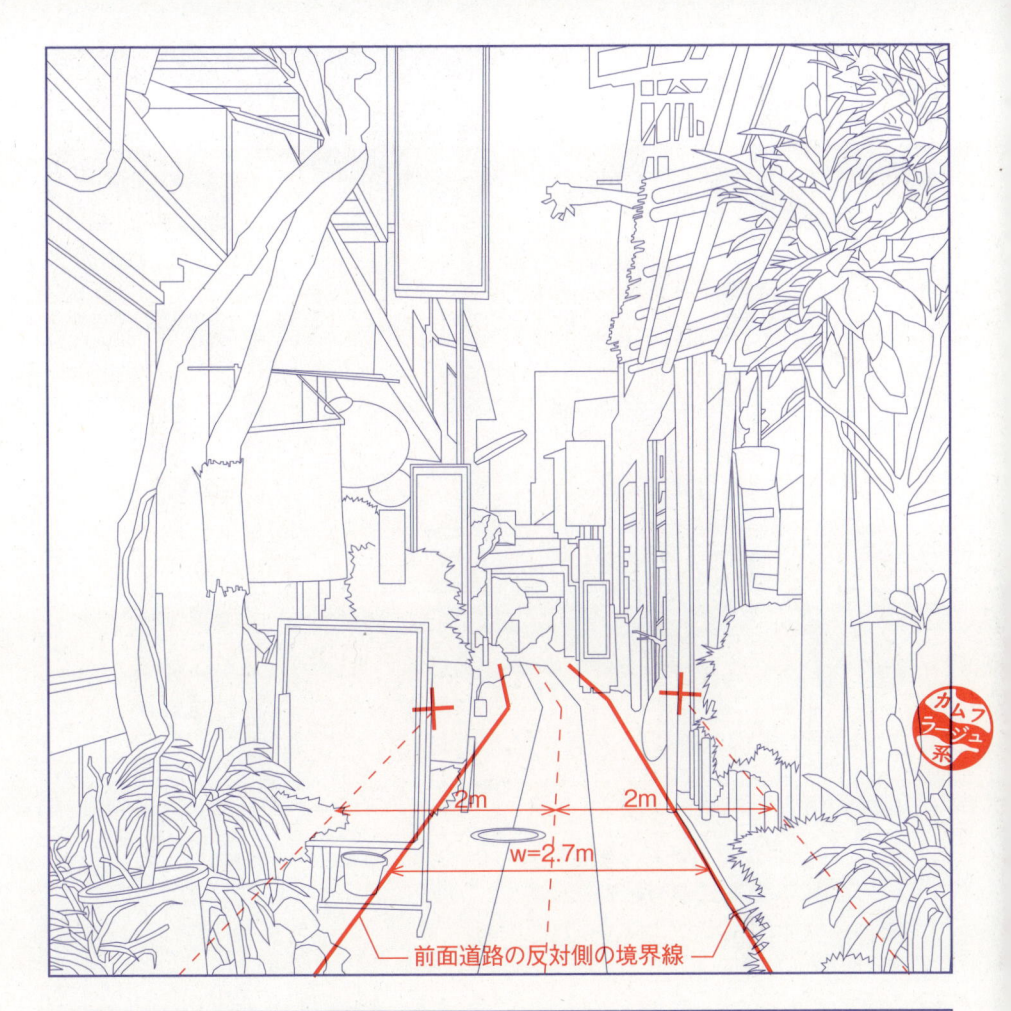

主 用 途	住宅、店舗、飲食店
用途地区	第二種住居地域
住　　所	東京都中央区
法 参 照	街並誘導型地区計画
法 解 説	路地の幅員は2.7mで、その路地を挟み、公道から公道までの短冊状の敷地を合わせて一団地の認定区域としました。道路は通路の扱いとなり、道路斜線を受けないほか、幅員の規定も道路より柔軟になります。道路廃止は都市計画法の開発行為にあたります。

超合法建築図鑑

	red monolith
66	赤モノリス

都市の喧噪に挿入された真っ赤なモノリス。目をこらして見ると3階部分に開口部があり、そこには消防活動のための入り口を知らせる赤い三角のステッカーが見えます。あらかじめ指定されている赤色によって、建物のモノリシックな意匠をスポイルしないですんだ希有な例です。

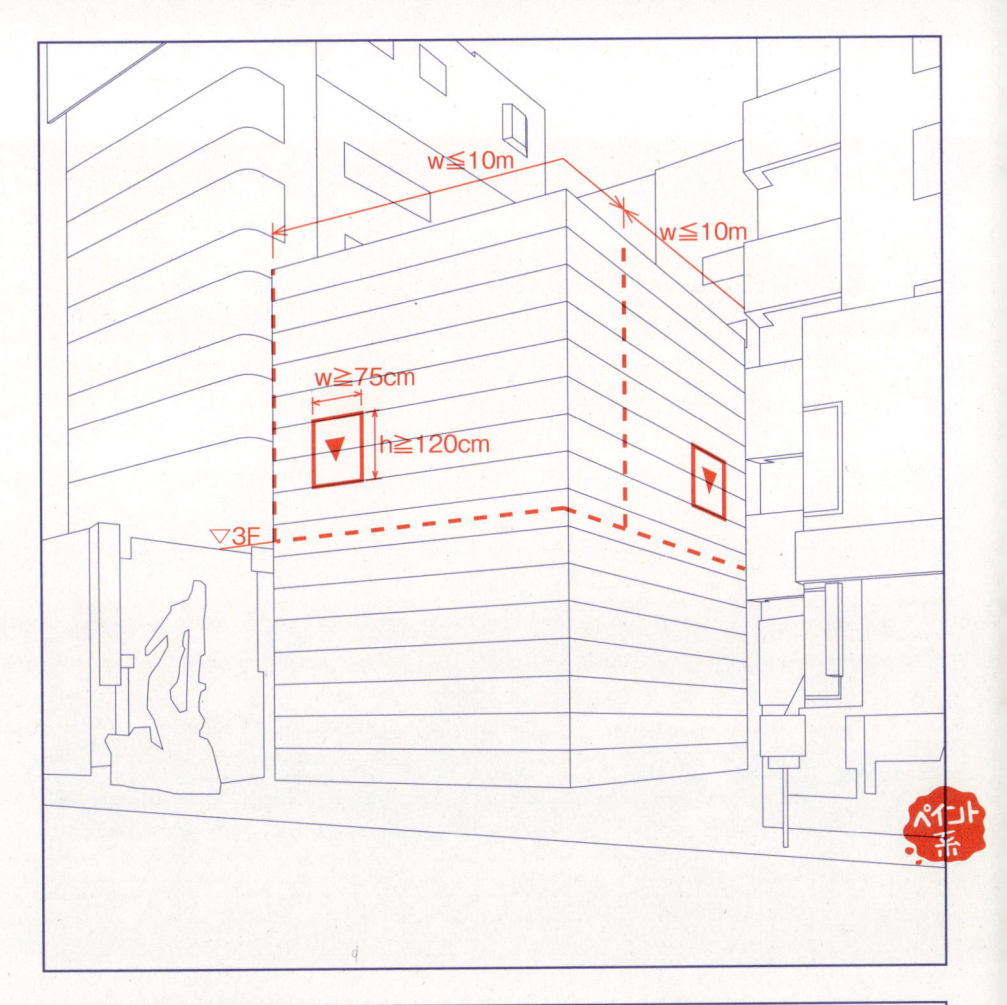

主 用 途	工事用仮囲い
用途地区	商業地域
住　　所	東京都渋谷区
法 参 照	令第126条の6
法 解 説	消防活動のための非常用進入口は、定められた大きさの開口部を多く設けることで代替することができます。非常用進入口に付ける1辺20cm以上の赤い三角の印は代替非常用進入口では不要となっていますが、実際には指導を受け、付けなければならないことが多いようです。

67	red and white wheel
	紅白観覧車

航空機からの視認性を高めるため、60m以上の物件には航空障害灯や昼間障害標識の設置が義務付けられています。昼間障害標識を塗色で行う場合、煙突では高さ210mまで7分割して赤白交互に塗り分けますが、観覧車の場合は同心円状に塗られています。

h≧60m

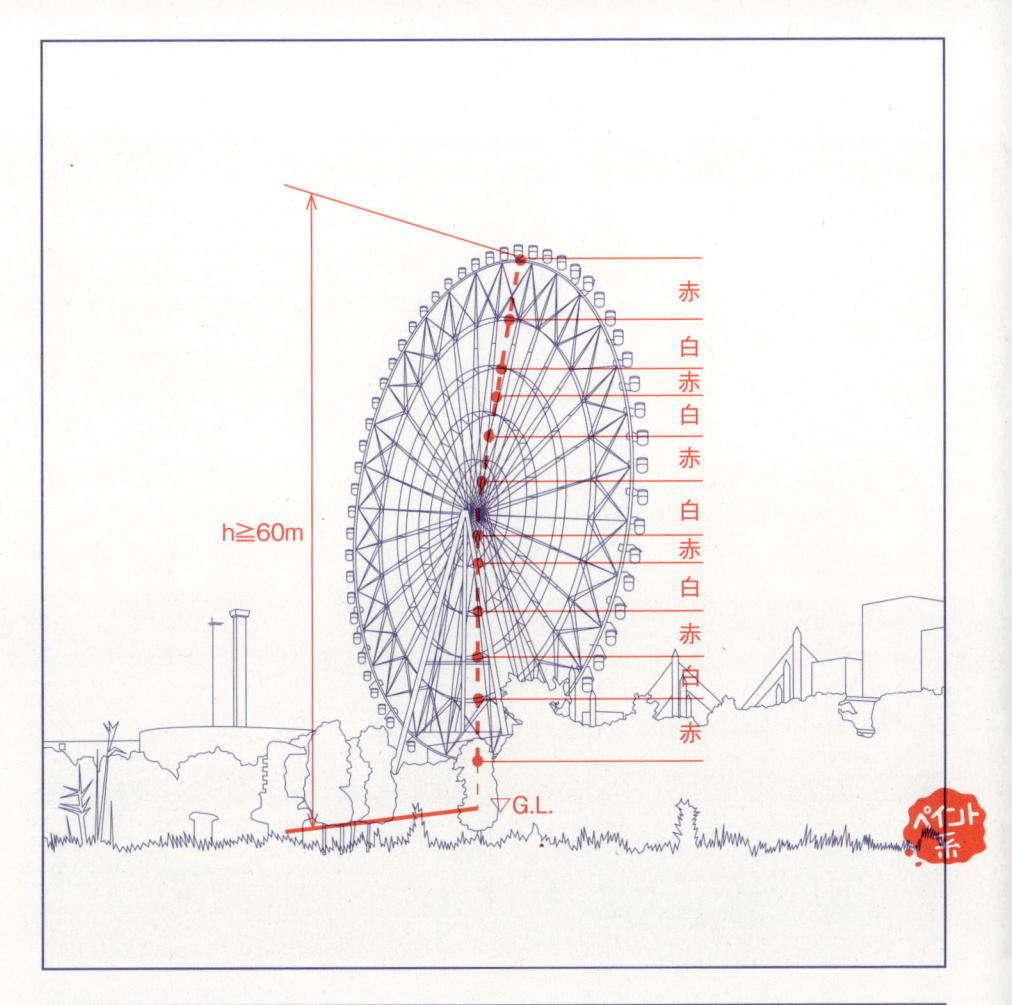

赤
白
赤
白
赤
白
赤
白
赤
白
赤
白
赤

▽G.L.

ペイント系

主 用 途	観覧車
用途地区	準工業地域
住　　所	東京都江東区
法 参 照	航空法第51条、第51条の2、施行規則第132条の2、3
法 解 説	建築は建築基準法だけではなく、さまざまな関連法規によって制限を受けます。航空法による塗色はなかでも都市の景観に大きく影響する制限だと言えます。都市部の高層化に伴い、平成16年には設置基準が大幅に緩和されています。

超合法建築図鑑

	the only colored pylon
6 8	紅一点鉄塔

航空法で定められる昼間障害標識は、近くに高い山や航空障害灯または昼間障害標識がある場合、設置が免除されます。同じような鉄塔が並ぶのに片方には色が付き、片方は無色なのはそのためです。

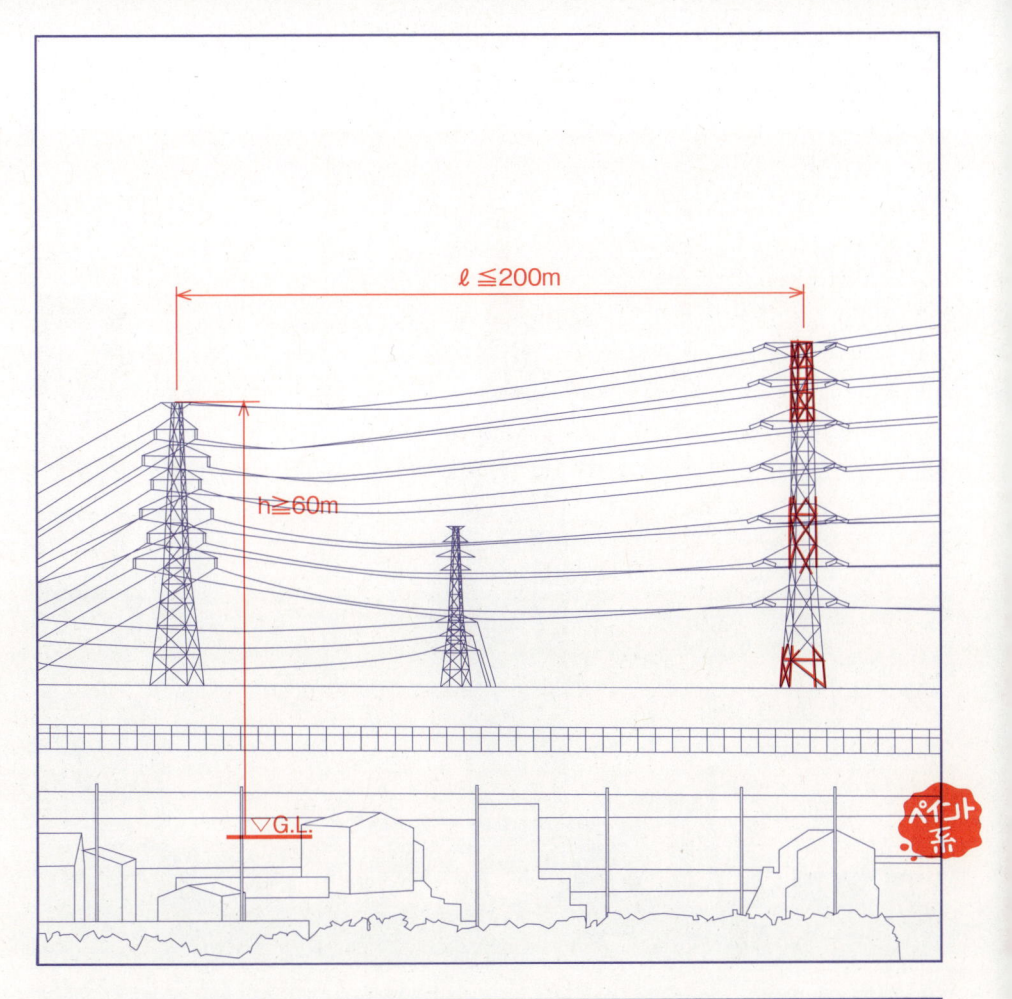

主 用 途	鉄塔
用途地区	商業地域
住　　所	埼玉県三郷市
法 参 照	航空法第132条の2第1項
法 解 説	地上60m以上100m未満の物件の場合、200m以内に昼間障害標識が設置されているならば当該物件は設置を免れます。ほかにも500m以内に航空障害灯がある場合などの免除基準がありますが、いずれも設置済み障害物より海抜高が低いことが条件。

	empire state antenna
69	エンパイア・ステート・アンテナ

高さは239.85mもある超高層ビルですが、オフィスが入っているのは14階まで。残りは通信設備となっています。赤白に色分けされたアンテナがやけに小振りと思いきや、こちらはメンテ用のクレーンとのこと。アンテナは階段状の部分に設置されています。

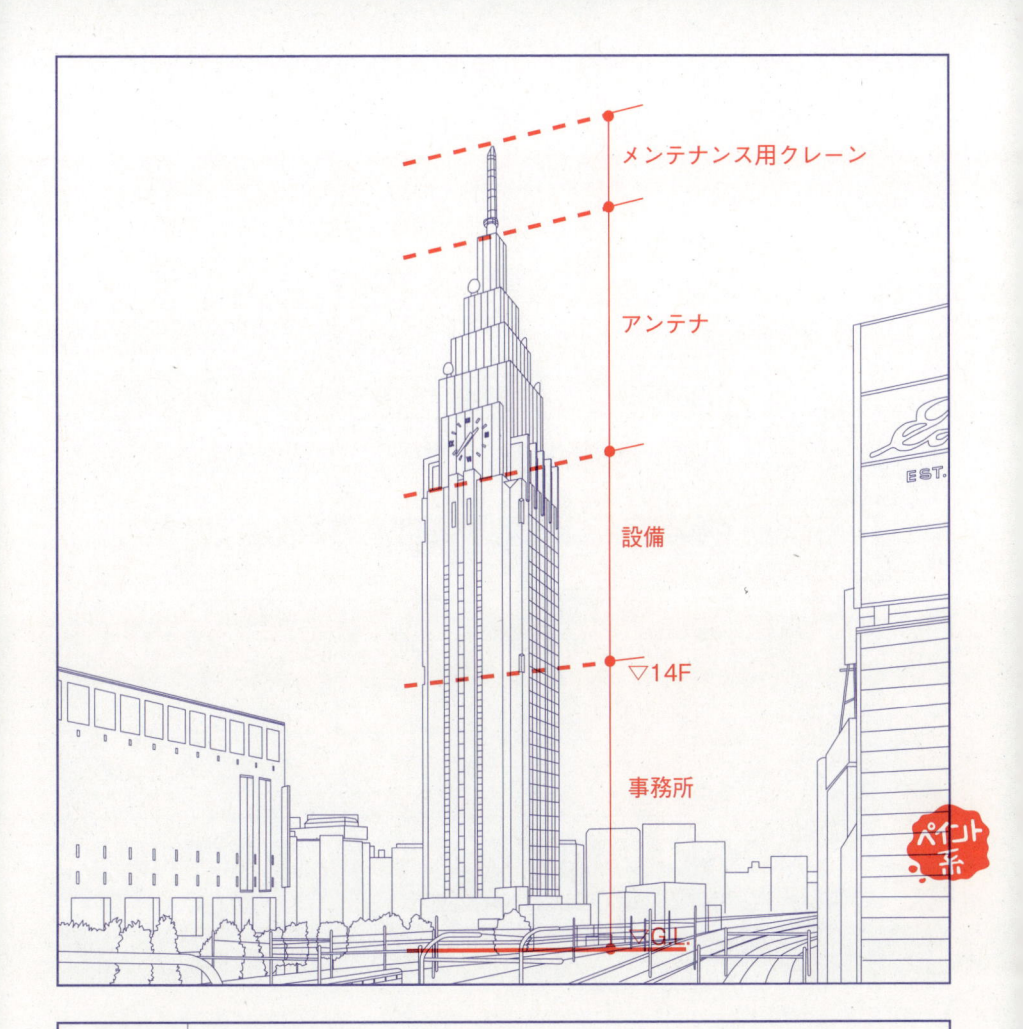

図中ラベル:
- メンテナンス用クレーン
- アンテナ
- 設備
- ▽14F
- 事務所
- ▽GL

主 用 途	オフィスビル、アンテナ
用途地区	商業地域
住　　所	東京都渋谷区
法 参 照	航空法第51条、第51条の2、施行規則第132条の2、3
法 解 説	上階が無窓の特殊な超高層です。アンテナを鉄塔状につくるのではなく建築物の一部と扱うことで、赤白の塗り分けを回避して夜間航空障害灯を設置しています。

超合法建築図鑑

	saw street
70	ノコ通り

住居系の地域では、北側の隣地境界線の直上5m（または10m）から一定の角度で高さの制限を受けます。道路斜線等とは異なり、この規制には境界線からの後退距離による緩和の規定がなく、したがって斜面が規則正しく反復されます。立ち並んだ様子はさながらノコギリの歯のようです。

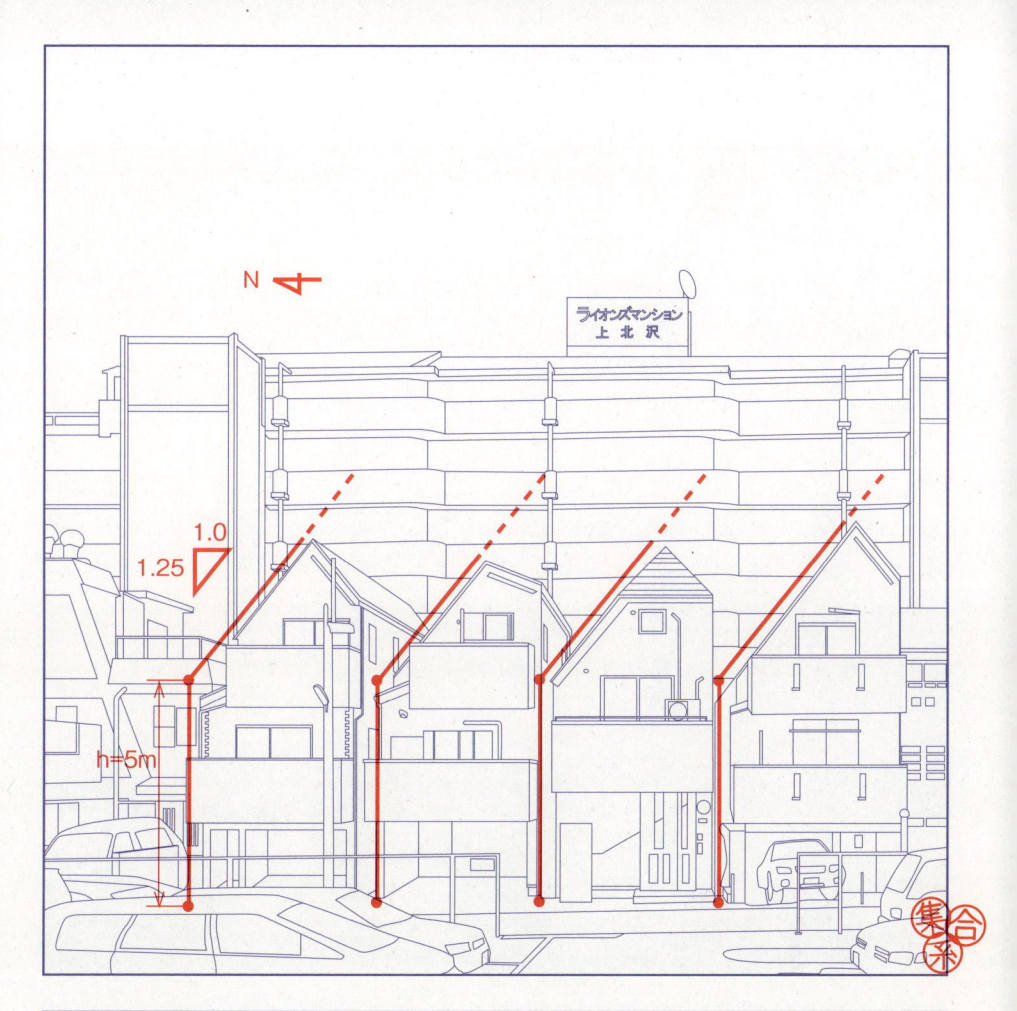

主 用 途	住宅
用途地区	第一種住居地域
住　　所	東京都世田谷区
法 参 照	法第56条第1項第三号
法 解 説	北側の日照を確保するため、当該敷地の真北方向にある隣地境界線または道路の反対側の境界線から斜線制限がかかります。その起点となるのは、低層住居専用地域で地上5m、中高層住居専用地域で地上10m、角度は真北方向に1:1.25です。

	crayon street
71	クレヨン通り

先端の削られたビルがまるで真新しいクレヨンのように整然と並んでいます。この場合の斜面は隣地斜線制限によるものです。隣地境界線の上空高さ31mから1:2.5の角度で削られています。31mという高さは、古い法規の絶対高さ制限から引き継がれました。

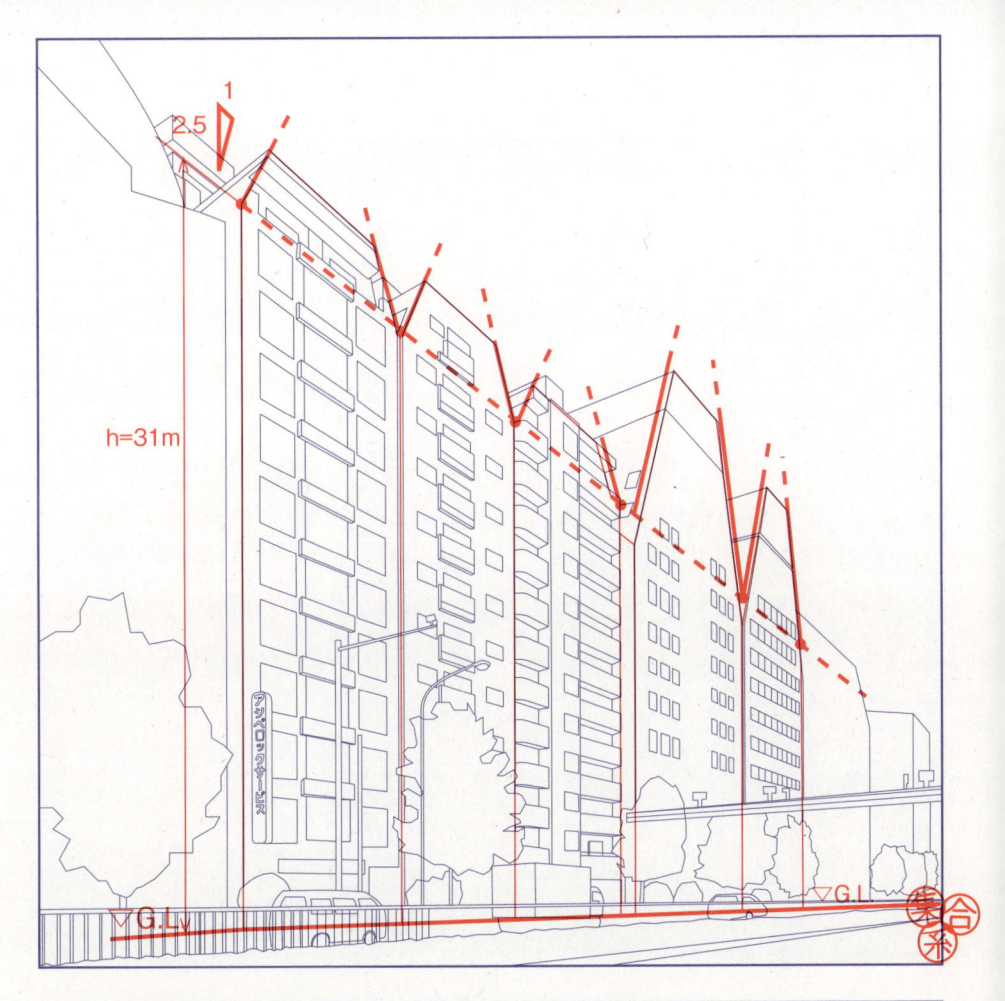

主 用 途	オフィスビル、マンション
用途地区	商業地域
住　　所	東京都新宿区
法 参 照	法第56条第1項第二号
法 解 説	住居系以外の地域では、隣地境界線を直上に31m平行移動した基準線から1:2.5の角度で高さ制限を受けます。また建物が隣地境界線から後退して建っている場合には、その後退距離だけ基準線を外側にあるものとみなすことができます。住居系地域では基準線の高さ20m、角度は1:1.25と、より厳しい制限になっています。

	split building
72	まっぷたつビル

「ビック」と「カメラ」の間にある亀裂が見えるでしょうか。一見すると1棟のようですが、実は2棟が寄り添うようにして建っています。その間20cm。エレベーターも避難階段も各棟にそれぞれ用意されているため、もちろん切り離して使うことも可能です。

主 用 途	家電量販店
用途地区	商業地域
住　　所	東京都渋谷区
法 参 照	法第65条、民法第234条
法 解 説	民法第234条には、建物は境界線から50cm離すよう規定されていますが、基準法では防火・準防火地域内で外壁が耐火構造のものは、隣地境界線に接して建てることが可能とあります。公法優先の原則がありますが、実際に接して建てられることは稀で日本独特の隙間が育まれています。

73	parasite building
	パラサイト・ビル

右の小さな建物が左の大きな建物に寄生しているようですが、実際には、左があとから右にくっついたはずです。土地を一筆にすることで、右で余っていた容積率を吸収して大きくなりました。

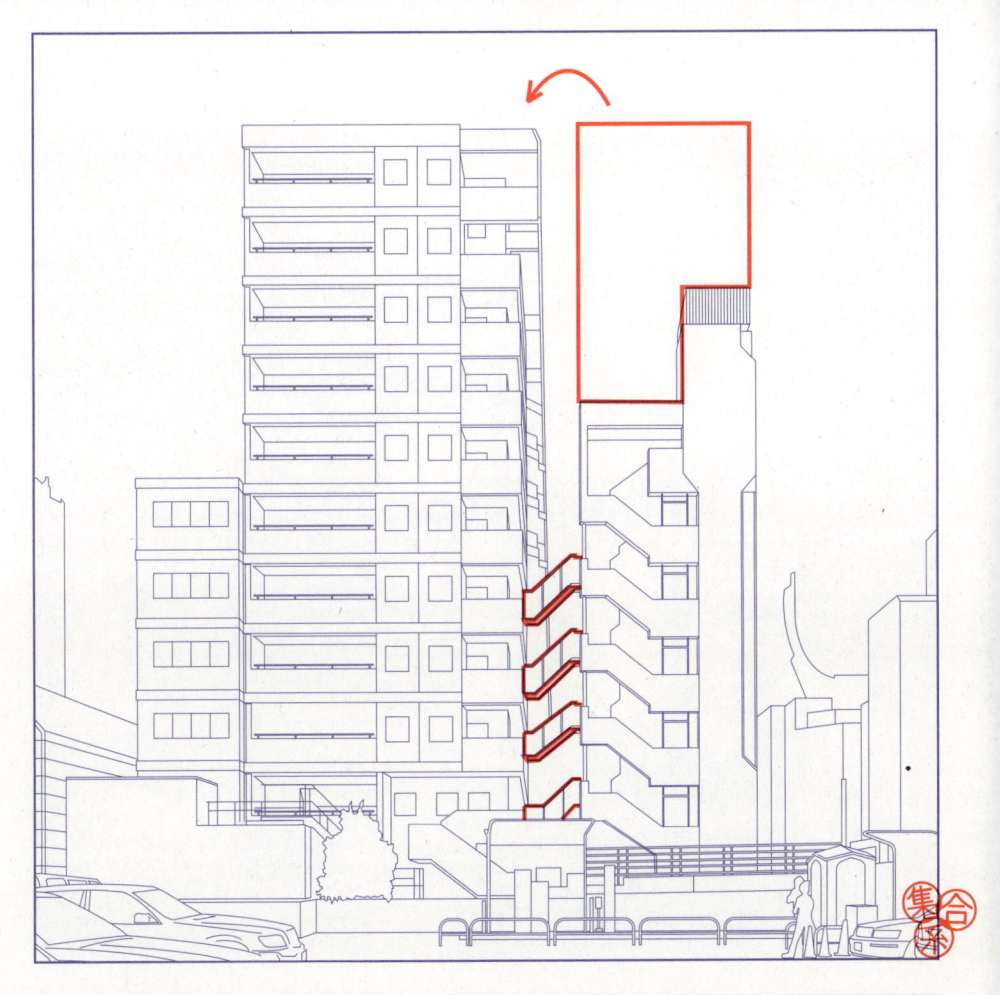

主 用 途	マンション
用途地区	商業地域／第二種中高層住居専用地域
住　　所	東京都港区
法 参 照	法第52条、法第53条第3項第二号、法第86条第2項
法 解 説	連担建築物設計制度によって比較的自由に余剰容積率の移転ができるようになる前は、敷地を一筆にして増築扱いとすることで、余った容積率を吸収しました。この敷地は角地で、角地の建蔽率緩和も受けることができるようになった可能性があります。

	entrance house
74	玄関ハウス

敷地は道路に2m以上接していなければなりません。この基準を満たすため、細い通路によってのみ接道する土地が多く存在し、旗竿敷地と呼ばれています。特に敷地が小さくなる場合、建蔽率・容積率を有効に使い切るため「竿」の部分にまで建物がのびてくる場合があります。

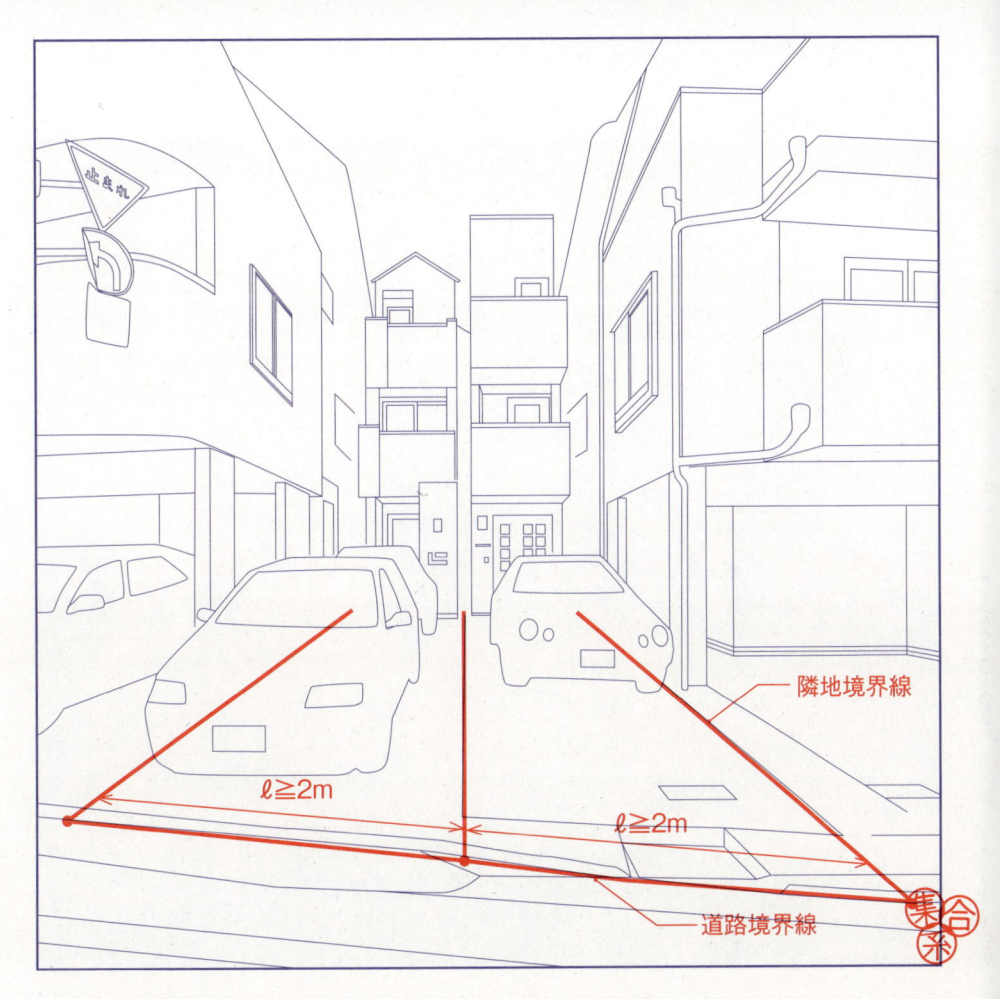

隣地境界線
$\ell \geq 2m$
道路境界線
集合系

主 用 途	住宅
用 途 地 区	第一種住居地域
住 所	東京都渋谷区
法 参 照	法第43条、東京都安全条例第10条
法 解 説	相続による土地の分割などにより多くの旗竿敷地が生まれています。東京都では旗竿敷地に集合住宅を建てたいと考えた場合、共同住宅を建てることはできず長屋にしなければならないなどの制限もあります。しかし奥まった敷地ゆえ静かでかえって良好な住環境が確保できるケースもあります。

超合法建築図鑑

	inter city
75	中間シティ

複数の建物が連なってできた大きな壁。高さがきれいに揃っているのは、羽田国際空港の滑走路からかかる航空法の斜線制限のためです。品川から羽田は約7km。斜線制限の角度は1/50ですから、品川近辺に建てられる建物の高さは約140mになります。最高高さと定められた295mのちょうど中間にあることがわかります。

主 用 途	オフィスビル
用途地区	商業地域
住　　所	東京都港区
法 参 照	航空法第2条、第49条
法 解 説	滑走路の中心からすり鉢状にかかる高さ制限と、滑走路の端からかかる高さ制限を組み合せ、それらが295mに達して以降は295mで一定となる高さの制限が各空港からかかっています。たとえば、品川よりも羽田に近い天王洲では100m内外のビルが建ち並びます。

76	duck street
	あひる通り

近隣の日照を確保するために日影の規制があり、指定された区域に一定時間以上影を落とさないような建物にしなければなりません。南北に長い敷地で同じ容積を確保する場合、高層部分が北にあるほうが影自体は長いのですが、長時間影になる範囲は小さくなります。写真では右が北で、あひるの群れのように連なっています。

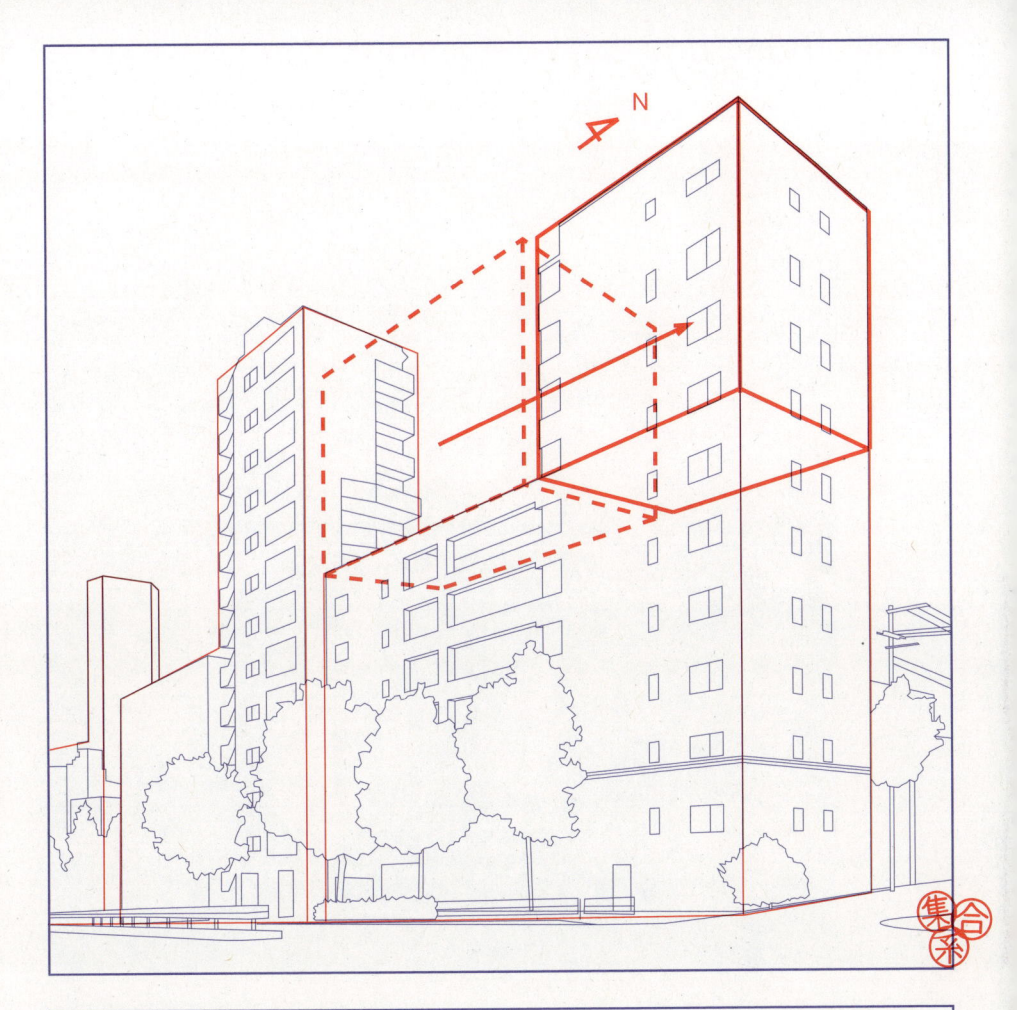

主 用 途	マンション
用途地区	商業地域／第二種中高層住居専用地域
住　　所	東京都新宿区
法 参 照	法第56条の2、法別表第4
法 解 説	建物が落とす影についての制限は日影規制と呼ばれています。別表第4に掲げられた区域の平均地盤面から決められた高さの水平面に対し、一定時間以上の影を落とさないように建物の形状を決定しなければなりません。なお敷地境界線から5mの範囲は除外されます。

77	boots street
	長靴通り

計画道路に指定され、拡幅が予定されている場合、その部分に建てることのできる建物は規模や構造の制限を受けます。許容容積率の高い地域では、計画道路指定を受けない部分だけが高層化されるため、まるで長靴が並んでいるような街並みをつくり出します。

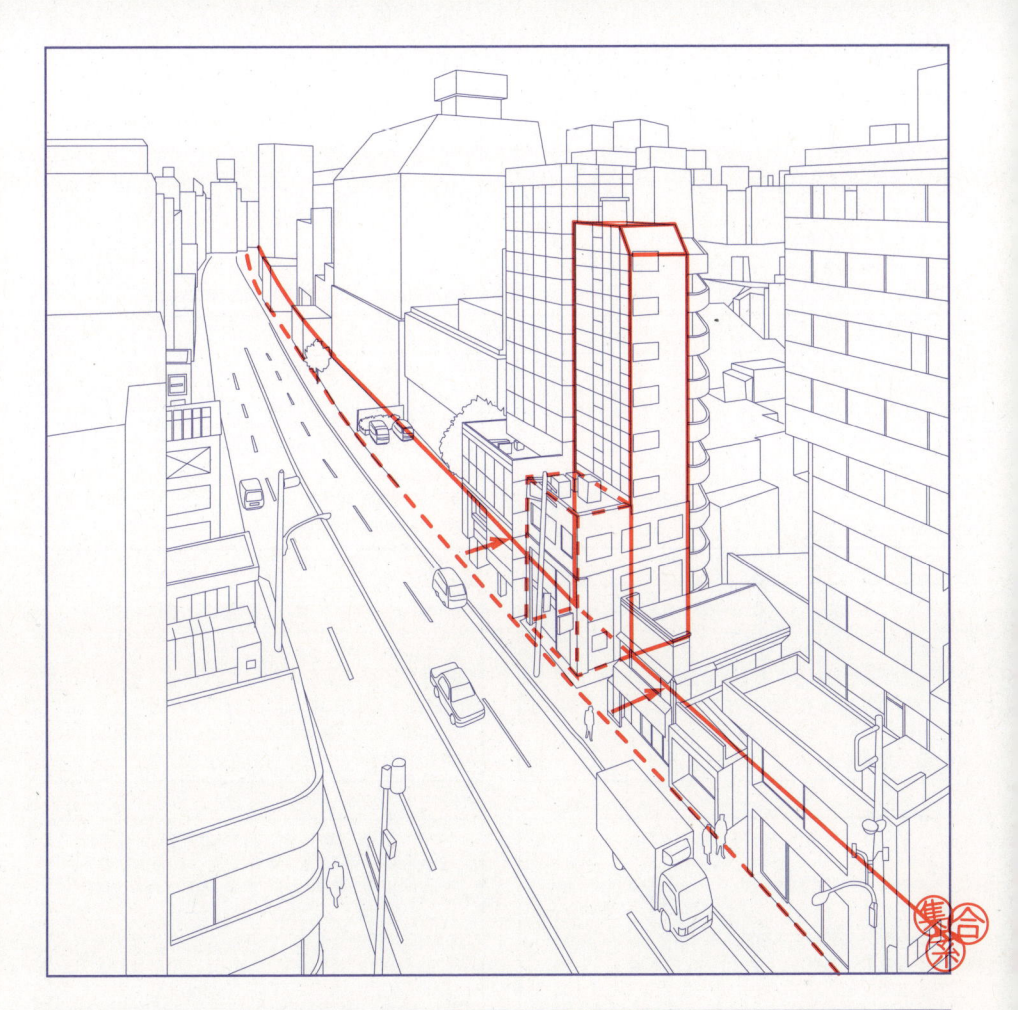

主 用 途	オフィスビル、テナントビルなど
用途地区	第一種中高層住居専用地域
住　　所	東京都世田谷区
法 参 照	都市計画法第54条、東京都都市整備局建築制限緩和基準
法 解 説	計画道路の指定を受けた部分に建築できる建築物の仕様は制限されます。東京23区では平成16年4月1日以降、鉄骨造、コンクリートブロック造に加えて木造が認められ、近い将来の事業実施が見込まれないことという条件が加わりました。

用語解説

建築
建築基準法第2条第13項によると「建築物を新築し、増築し、改築し、又は移転することをいう」とある。意匠設計を行う設計者にはこの言葉に必要以上のこだわりを持つ者も多いが、法規上はあっさりとしたものである。

建築物
基準法上の建築物は、土地に定着する工作物のうち屋根がかかるもののことで、それに付属する門や塀、建築設備を含む。ただし、線路内の施設やプラットホームの上家、貯蔵槽などは除かれる。

敷地
敷地とは、建築物を建てるための土地のこと。敷地面積とは、敷地の水平投影面積のことであり、傾斜地や崖地等であっても、あくまで水平面に投影した面積をさす。都市計画区域には2mの接道義務がある。

建築面積
建築物の水平投影面積のこと。外壁の中心またはそれに代わる柱の中心で囲まれた部分を測る。庇など突出物の先端から1mまでの部分はその形状により算入されない場合がある。出窓は原則的に除かれる。

建蔽率
敷地面積に対する建築面積の割合のこと。仮に80%と指定された敷地が防火地域内にあり、そこに耐火建築物を建てるなら10%緩和され90%、そこが角地であったならさらに10%緩和され、敷地を100%使い切ることが可能。

床面積
各階で壁や柱の中心線を結んで囲まれた部分の水平投影面積であるが、実際には複雑な算定基準がある。吹きさらしの廊下・階段は、開放部分の絶対高さ、天井高との比、隣地境界やほかの部分との距離によっては算入されない。

容積率
敷地面積に対する建物の延べ床面積の割合。延べ床面積とは各階の床面積の合計。建築物の延べ床面積は定められた容積率を下まわらなければならないが、駐車場や共同住宅の共用部など容積率の算定から除外される部位がある。

道路
基準法上の道路は、道路法上の道路のほかに都市計画法や土地区画整理事業による道路、施行時以前より存在する道路、計画道路、位置指定道路を含む。原則幅員4m以上だが、法第42条第2項で道路とみなす狭隘道路もある。

計画道路
都市計画によって将来拡幅するか、または新たにつくることが決定した道路。つまり現状では道路ではない土地であるが、そこでの建築行為は制限される。制限の度合いは計画決定段階か事業決定段階によって異なる。

位置指定道路
自分でつくる道路。私道。敷地の接道義務を満足するために新たに築造する道で、特定行政庁から位置の指定を受けたもの。すみ切りなどその構造に細かい規定があるが、行き止まりの場合は幅員や延長なども加わり、特に厳しい。

用途地域
市街化区域では原則的に用途地域が定められる。12の地域は住居系、商業系、工業系に大別できる。住宅が建たないのは工業専用地域のみで、用途の混在を防ぐという当初のもくろみは達成されていない。

居室
人が居住・執務・作業・集会・娯楽その他これらに類する目的のために継続して使用する部屋のこと。住宅の場合、居間、キッチン、ダイニングなどは含まれ、納戸、玄関、トイレや浴室などは含まれない。

地盤面

建築物が周囲の地面と接する位置の平均における水平面を言う。建物の形状によっては地盤面が変わる可能性のあることに注意。高低差が3mを超える場合には3m以内ごとの平均の高さにおける水平面となり、地盤面は複数になる。

地階

床が地盤面より下にあり、その階の天井高の1/3以上地盤面より下がっている階のことをさす。住宅であれば、地階は容積の算定から除外される。ただし除かれるのは地階を含む延べ床面積の1/3まで。

高さ

建築物の高さは地盤面からの高さによる。しかし道路斜線制限や軒の高さを算定する場合は前面道路の路面からの高さによるので注意が必要。一定の高さ未満の階段室等は建築面積の1/8まで高さの算定から除外される。

階数

同一平面上に積み重なるスラブの数のうち最大のもの。基準を満たした塔屋や地下機械室は、階の算定から除外される。また小屋裏の扱いに関しては、行政庁ごとに解釈が異なる場合があるので確認が必要。

斜線制限

基準点から斜めにかかる高さ制限のことで、道路斜線、隣地斜線、北側斜線、高度地区による斜線がある。それぞれ角度や基準となる高さが異なり、緩和の規定もあるので、複雑な街並みを生み出す要因となってきた。

天空率

測定点から見上げる空の割合を数値化したもの。天空率が高ければ採光や通風に有利。条件にしたがって設定した各測定点からの天空率が、斜線制限いっぱいに建てた場合の天空率よりも高ければ制限を超えて建築可能。

すみ切り

道路や通路が屈曲または交差する際、自動車等の車両が容易に曲がれるよう、敷地の角を切り取ること。道幅や交差の角度などによって寸法が異なり、また基準法とは別に消防や条例も数値を定める。

ファサード

フランス語に由来。建物の正面、主に道路に面した部分をさす。側壁を共有する欧州の都市部では比較的強固な概念だが、日本ではどの面がファサードか一瞥しただけでは判断のつかない場合も多い。

スラブ

上階と下階の間にある構造床、およびべた基礎の水平板のこと。もっぱら鉄筋コンクリート造の床をさす。英語では石板、板状チーズなどもスラブである。用例に、ワッフルスラブ、基礎スラブ、スラブ配筋など。

スロープ

通路や床の勾配がついた部分。斜路。建築基準法、ハートビル法、駐車場法などに勾配の基準が定められている。バリアフリーの観点から推奨されるが、実際のところ、法に規定される勾配では車いすによる利用は容易でない。

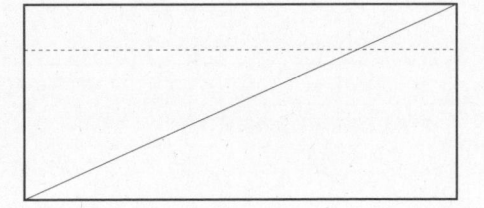

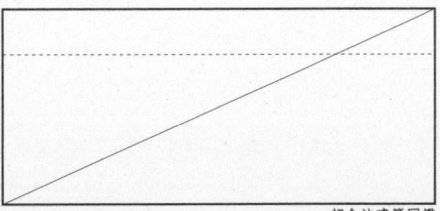

超合法建築図鑑

著者略歴

吉村靖孝（よしむら やすたか）／建築家

1972年、愛知県生まれ。1995年、早稲田大学理工学部建築学科卒業。1997年、同大学院修了。1999年〜2001年、文化庁派遣芸術家在外研修員としてオランダ MVRDV 在籍。2002年より東京大学大学院、早稲田大学、東京工業大学ほかで非常勤講師を歴任。2005年、吉村靖孝建築設計事務所設立。2013年、明治大学特任教授。2018年より早稲田大学教授

主な受賞＝2018年、日本建築設計学会賞（フクマスベース）、2017年、WADA賞（フクマスベース）。2014年、AP賞（Window House）、日本建築学会作品選奨（中川政七商店新社屋）。2012年、日経ニューオフィス賞ニューオフィス推進賞（TBWA/HAKUHODO）。2011年、JCDデザインアワード大賞（Red Light Yokohama）、日本建築学会作品選奨（Nowhere but Sajima）。2010年、グッドデザイン賞特別賞（中川政七商店新社屋）、住宅建築賞金賞（Nowhere but Sajima）。2009年、アジアデザイン賞（Nowhere but Hayama）、2006年、第22回吉岡賞（ドリフト）。著書＝『EX-CONTAINER』（グラフィック社）、『ビヘイヴィアとプロトコル』（LIXIL出版）

写真撮影・提供

特記のないものはすべて　撮影＝畑拓（彰国社写真部）

P52　撮影＝和木通（彰国社写真部）　　P72　提供＝吉村靖孝　　P104　提供＝キッズプロモーション

P132　提供＝ミサワホーム　　P140　撮影＝皆川聡

フィールドワークおよび図版作成

吉村靖孝　　吉村真代　　吉村英孝

坂本奈緒子（吉村靖孝建築設計事務所）　　近藤匡人（吉村靖孝建築設計事務所）

青木正高　　磯田和明　　板倉路子　　織田ゆりか　　木村亮　　桑尾重哉

斎木崇　　島田真弓　　唐木研介　　福田久展　　松田晃美矢　　南俊充

協力

黒木正郎（日本設計執行役員フェロー）

この本は、平成18年4月現在の建築関係法令等を参考にしています。

本文中の「法」は建築基準法、「令」は建築基準法施工令の略称です。

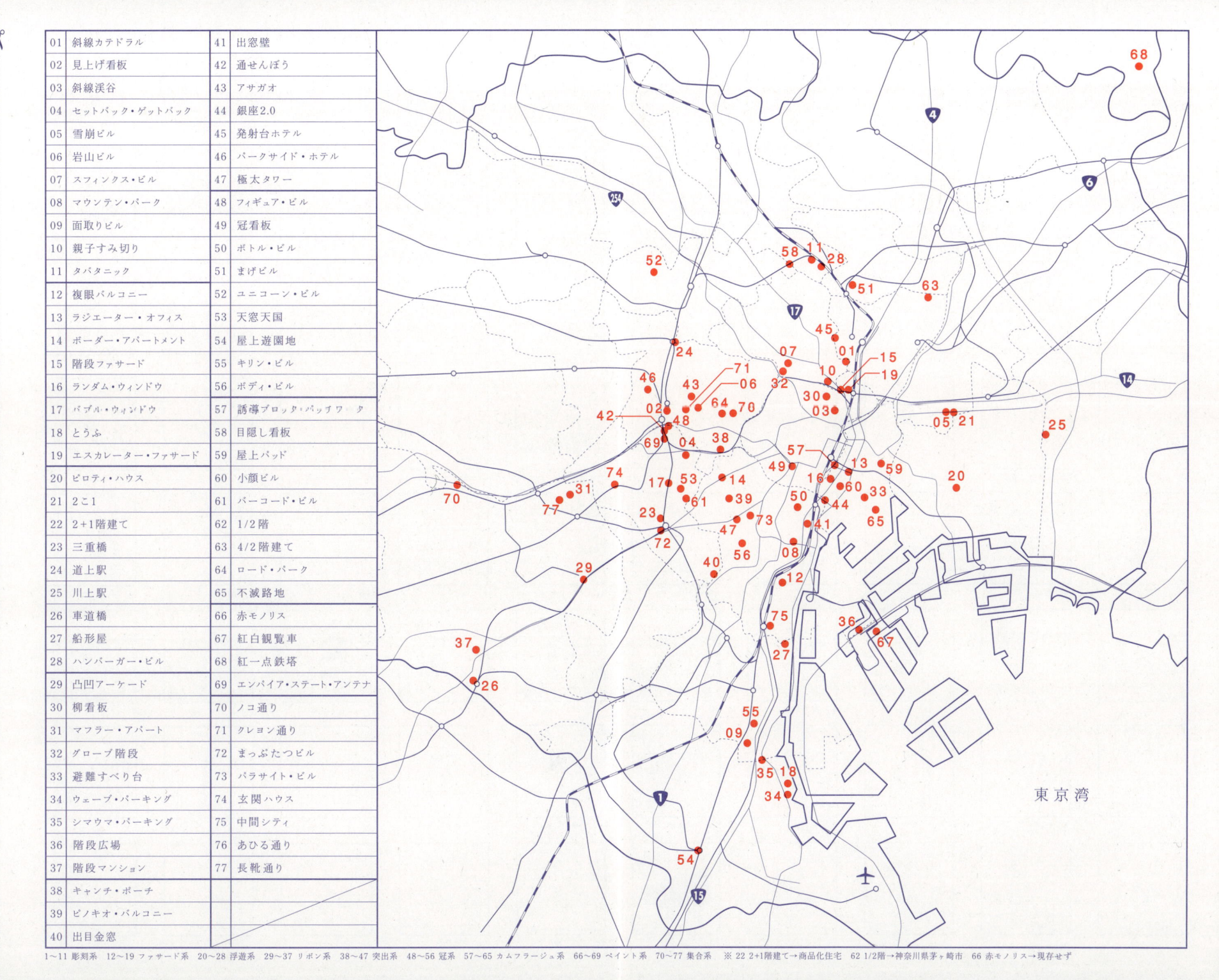

01	斜線カテドラル	41	出窓壁
02	見上げ看板	42	通せんぼう
03	斜線渓谷	43	アサガオ
04	セットバック・ゲットバック	44	銀座2.0
05	雪崩ビル	45	発射台ホテル
06	岩山ビル	46	パークサイド・ホテル
07	スフィンクス・ビル	47	極太タワー
08	マウンテン・パーク	48	フィギュア・ビル
09	面取りビル	49	冠看板
10	親子すみ切り	50	ボトル・ビル
11	タバタニック	51	まげビル
12	複眼バルコニー	52	ユニコーン・ビル
13	ラジエーター・オフィス	53	天窓天国
14	ボーダー・アパートメント	54	屋上遊園地
15	階段ファサード	55	キリン・ビル
16	ランダム・ウィンドウ	56	ボディ・ビル
17	バブル・ウィンドウ	57	誘導ブロック・パッチワーク
18	とうふ	58	目隠し看板
19	エスカレーター・ファサード	59	屋上パッド
20	ピロティ・ハウス	60	小顔ビル
21	2こ1	61	バーコード・ビル
22	2+1階建て	62	1/2階
23	三重橋	63	4/2階建て
24	道上駅	64	ロード・パーク
25	川上駅	65	不滅路地
26	車道橋	66	赤モノリス
27	船形屋	67	紅白観覧車
28	ハンバーガー・ビル	68	紅一点鉄塔
29	凸凹アーケード	69	エンパイア・ステート・アンテナ
30	柳看板	70	ノコ通り
31	マフラー・アパート	71	クレヨン通り
32	グローブ階段	72	まっぷたつビル
33	避難すべり台	73	パラサイト・ビル
34	ウェーブ・パーキング	74	玄関ハウス
35	シマウマ・パーキング	75	中間シティ
36	階段広場	76	あひる通り
37	階段マンション	77	長靴通り
38	キャンチ・ポーチ		
39	ピノキオ・バルコニー		
40	出目金窓		

1〜11 彫刻系　12〜19 ファサード系　20〜28 浮遊系　29〜37 リボン系　38〜47 突出系　48〜56 冠系　57〜65 カムフラージュ系　66〜69 ペイント系　70〜77 集合系　※ 22 2+1階建て→商品化住宅　62 1/2階→神奈川県茅ヶ崎市　66 赤モノリス→現存せず

#	名称
01	斜線カテドラル
02	見上げ看板
03	斜線渓谷
04	セットバック・ゲットバック
05	雪崩ビル
06	岩山ビル
07	スフィンクス・ビル
08	マウンテン・パーク
09	面取りビル
10	親子すみ切り
11	タバタニック
12	複眼バルコニー
13	ラジエーター・オフィス
14	ボーダー・アパートメント
15	階段ファサード
16	ランダム・ウィンドウ
17	バブル・ウィンドウ
18	とうふ
19	エスカレーター・ファリード
20	ピロティ・ハウス
21	2こ1
22	2+1階建て
23	三重橋
24	道上駅
25	川上駅
26	車道橋
27	船形屋
28	ハンバーガー・ビル
29	凸凹アーケード
30	柳看板
31	マフラー・アパート
32	グローブ階段
33	避難すべり台
34	ウェーブ・パーキング
35	シマウマ・パーキング
36	階段広場
37	階段マンション
38	キャンチ・ポーチ
39	ピノキオ・バルコニー
40	出目金窓
41	出窓壁
42	通せんぼう
43	アサガオ
44	銀座2.0
45	発射台ホテル
46	パークサイド・ホテル
47	極太タワー
48	フィギュア・ビル
49	冠看板
50	ボトル・ビル
51	まげビル
52	ユニコーン・ビル
53	天窓天国
54	屋上遊園地
55	キリン・ビル
56	ボディ・ビル
57	誘導ブロック・パッチワーク
58	目隠し看板
59	屋上パッド
60	小顔ビル
61	バーコード・ビル
62	1/2階
63	4/2階建て
64	ロード・パーク
65	不滅路地
66	赤モノリス
67	紅白観覧車
68	紅一点鉄塔
69	エンパイア・ステート・アンテナ
70	ノコ通り
71	クレヨン通り
72	まっぷたつビル
73	パラサイト・ビル
74	玄関ハウス
75	中間シティ
76	あひる通り
77	長靴通り

建築文化シナジー
超合法建築図鑑

2006年5月10日 第1版 発　行
2024年6月10日 第1版 第7刷

編著者　吉村靖孝
発行者　下出雅徳
発行所　株式会社 彰国社
　　　　162-0067 東京都新宿区富久町8-21
　　　　電話 03-3359-3231（大代表）
　　　　振替口座 00160-2-173401
　　　　https://www.shokokusha.co.jp

製版・印刷　壮光舎印刷株式会社
製本　　　　株式会社ブロケード

© Yasutaka Yoshimura 2006
ISBN 4-395-24002-X C3352

本書の内容の一部あるいは全部を、無断で複写（コピー）、複製、および磁気または
光記録媒体等への入力を禁止します。許諾については小社あてにご照会ください。